Sp
Va
Breve historia del Antiguo Egipto /

$21.45   **on1101135490**

Breve historia

del antiguo Egipto

BREVE HISTORIA
DEL ANTIGUO EGIPTO

Azael Varas

nowtilus

Colección: Breve Historia
www.brevehistoria.com

Título: *Breve historia del antiguo Egipto*
Autor: © Azael Varas
Director de colección: Luis E. Íñigo Fernández

Copyright de la presente edición: © 2018 Ediciones Nowtilus, S. L.
Camino de los Vinateros, 40, local 90, 28030 Madrid
www.nowtilus.com

Elaboración de textos: Santos Rodríguez

Diseño y realización de cubierta: Universo Cultura y Ocio
Imagen de portada: Composición a partir de imagen del sarcófago de Tutankhamón

ISBN edición impresa: 978-84-9967-975-4
ISBN impresión bajo demanda: 978-84-9967-976-1
ISBN edición digital: 978-84-9967-977-8
Fecha de edición: septiembre 2018

Impreso en España
Imprime:
Depósito legal: M-26132-2018

A David,
echaré de menos tu sincera crítica

Índice

Introducción

Antes de empezar a escribir un libro de historia de Egipto uno debe preguntarse por qué. Sin duda la historia de Egipto es uno de los temas más tratados en obras divulgativas, aunque muchos de los descubrimientos arqueológicos y de las nuevas teorías no suelan llegar al gran público. Y entonces pensamos en actualizar y retorcer un poco el enfoque para escribir una obra algo diferente y original.

Y es que estudiar cualquier tiempo pasado, como viajar, debería ser un acto un poco incómodo, una excursión fuera de nuestra zona de confort que nos desafía al mismo tiempo que nos enriquece. Nos enriquece haciéndonos conocer otras formas de existencia, otras posibilidades de pensamiento, otros lenguajes, religiones diferentes a las nuestras, y actitudes incompatibles con nuestro modo de vida; y que sobre todo nos enriquece al hacernos ver que si eso nos parece extraño es solamente porque nacimos en un momento y en un lugar diferentes.

Por eso, este libro nace con la idea (quizás demasiado ambiciosa) de abrir una ventana al antiguo Egipto e introducirnos en su cultura a través de la historia de su civilización. Por ello, este libro no tratará la historia de Egipto desde su sentido más estricto y tradicional: la concatenación de hechos a lo largo del tiempo (con este enfoque, los interesados podrán encontrar numerosas obras), sino que pretende invitar al lector a realizar un ejercicio un poco más interesante, tratar de ver el antiguo Egipto con lo que los historiadores del arte llaman el «ojo de la época».

Con este objetivo, el antiguo Egipto es uno de los más difíciles y divertidos desafíos, y por eso se ha convertido en una de las culturas antiguas más misteriosas y queridas en tiempos modernos. La cultura egipcia se desarrolla milenios antes que la lógica aristotélica, la metodología cartesiana y la religión judeocristiana que imponen nuestra forma de ver el mundo. Nos obliga a esforzarnos en tratar de entender por qué esa gente adoraba a dioses con caras de animales, momificaba a las personas después de sacarles los órganos y escribían con figuras. Y esto solamente lo averiguaremos cuando entendamos qué imagen tenía un egipcio del mundo y nos acerquemos al sistema de creencias que sostuvo a la civilización egipcia durante más de tres mil años.

Y aunque el principal protagonista de esta historia es lógicamente Egipto, trataremos de colocarle en el contexto de la historia universal como un actor más (a veces pasivo, otras activo), y enterrar la extendida opinión de que Egipto fue una civilización aislada y de que la globalización comienza con Internet.

La obra se ha dividido en diez capítulos. El primero introducirá el contexto geográfico en que se desarrolló la civilización egipcia y algunos conceptos metodológicos y culturales, sin los cuales el lector neófito en materia egiptológica podría perderse parte de la información. El resto de capítulos tratarán la historia de Egipto y la evolución de su cultura y sus manifestaciones (literatura, arqueología, arte, religión, ritos…), articulada con base en los períodos en que generalmente ha sido dividida la historia de Egipto: Predinástico, Reino Antiguo, Primer Período Intermedio, Reino Medio, Segundo Período Intermedio, Reino Nuevo (al que se dedica dos capítulos), Tercer Período Intermedio y Baja Época, y Período Ptolemaico.

En los anexos el lector podrá encontrar bibliografía con la que profundizar en cualquiera de los aspectos o períodos que considere más interesantes, un mapa con los sitios mencionados en la obra, y la lista completa de reyes de Egipto (basada en la obra de Shaw) para orientarse por los recovecos de la larga historia de Egipto.

Por último debemos aclarar una circunstancia metodológica, como el título indica, el objetivo de esta obra no es agotar la materia egiptológica por completo, sino introducir al lector en un apasionante mundo con muchos misterios aún por resolver.

1

El don que nació del Nilo. Conceptos del Egipto faraónico

Geografía

Puede asustar empezar un libro sobre el antiguo Egipto con una fotografía tomada desde el espacio, pero usémosla sensatamente, esta imagen desvela una de las claves (reales) para entender mejor a esta civilización. Lo primero que destaca es la enorme franja luminosa. Una brillante y ruidosa cicatriz que contrasta con la oscuridad y el silencio que prevalece a su alrededor. Obviamente se trata del Nilo, el segundo río más grande del planeta, el único gran río que discurre de sur a norte, y la fuente de vida más importante de Egipto. La oscuridad que rodea al Nilo son los mares de Egipto. Unos son de agua, el mar Rojo al este y el mar Mediterráneo al norte; y otros son de arena, el desierto Oriental y el Occidental. El paisaje del actual Egipto es semejante al

Egipto visto desde el espacio. En Egipto la vida se concentra
alrededor del río tanto hoy en día como en la Antigüedad.
[Figura 1]

de la Antigüedad, su territorio está formado en un 90 %
por desierto, y el 10 % restante se divide entre las riberas
del valle del Nilo, principalmente, y algún oasis, de los
cuales el más importante es el del Fayum. Ese 10 % está
señalado por las luces que serpentean siguiendo el curso
del río Nilo. En Egipto la vida se concentra alrededor del
río tanto hoy en día como en la Antigüedad.

Los egipcios llamaron al Nilo con un nombre tan
simple como significativo: *iteru* ( ), que quiere
decir simplemente el 'río'. Para los habitantes del antiguo Egipto el río simbolizaba la vida. Su caudal era una
autopista natural que conectaba todo el país, sus aguas
satisfacían la sed de las personas y del ganado, era el
hábitat de peces y otros animales que podían llevarse al

El quiosco de Trajano durante una de las crecidas del Nilo antes
de que se construyeran las presas de Asuán
[Figura 2]

plato. En sus orillas se concentraba la madera y el adobe
que permitían la construcción de viviendas y herramientas. Sus riberas eran el mejor lugar para que creciera la
cosecha. Como tantos otros fenómenos naturales, el río
también influyó en la manera en que los egipcios vieron
y entendieron el mundo.

Aunque el hombre moderno ya no podrá asistir a
uno de los fenómenos naturales más importantes para
los habitantes del antiguo Egipto, las crecidas del nivel
del río. El Gobierno de Egipto decidió acabar con ellas
cuando construyó a finales del siglo pasado unas presas en
Asuán para controlar el cauce del río, pero en el antiguo
Egipto la crecida anual del río marcaba el ciclo de la vida
natural y de la vida humana. Cuando la inundación
había acabado y su cauce volvía a niveles normales, sus
aguas habían arrastrado un fertilizante natural conocido

Nilómetro de Elefantina
[Figura 3]

como limo, que permitía que las tierras de labranza produjeran el sustento alimenticio de sus habitantes.

Aunque la crecida era cíclica, no era nada de regular en su volumen y los egipcios aprendieron desde tiempos muy tempranos a calcular la crecida y a ser precavidos en espera de los años de vacas flacas.

Para poder predecir y administrar los frutos de cada año idearon unas estructuras conocidas como nilómetros que servían para calcular el nivel de las crecidas y en función de ello regular los impuestos. Los nilómetros son estructuras de piedra con forma de pozo y una escala en sus paredes en la que cada año se registraba la medida del Nilo durante la época de crecimiento. Los nilómetros estaban repartidos desde Nubia hasta el delta

Una de las características más destacadas del paisaje nilótico es la
repentina transformación del bosque en desierto, la base para la
creación de una geografía simbólica de Egipto: río-civilización-
vida-limo negro vs. desierto-caos-muerte-arena roja
[Figura 4]

y algunos como el de Elefantina se han conservado en
muy buen estado, por lo que han seguido siendo usados
hasta época moderna.

La capacidad del Nilo para regar Egipto es limitada, y una de las cosas que más sorprende es la abrupta
separación entre bosque y desierto, en Egipto se pueden
dar largos paseos con un pie en un bosque fluvial y otro
en el puro desierto. Esta diferencia real se tradujo en una
diferencia simbólica. Los egipcios entendían el mundo
gracias a la existencia y tensión de duales opuestos, en
el que el fértil valle era la sede de la civilización y del
mundo de los vivos; y el desierto era un territorio caótico,
donde vivían alimañas peligrosas y hombres bárbaros, y
moraban los muertos. La antigua lengua egipcia define

cómo los propios egipcios interpretaban el paisaje. A su país lo llamaban Kemet (△🦶⊕ , literalmente 'Tierra Negra'. Debido al color que los sedimentos arrastrados por el Nilo depositaban en las orillas) y acababa donde empezaba el *djeseret* (🥖◁🦩ﻬ 'Tierra Roja', por la arena del desierto).

Egipto (o Kemet) estaba divido en distritos administrativos conocidos por su nombre griego, *nomos*. Esta división ya era efectiva en la época de la unificación y aparecen frecuentemente representadas en el arte de esta época, representadas a través de sus estandartes o antropomórficamente, como en la escultura conocida tríada de Micerinos (Figura 32). Aunque la cantidad de nomos pudo variar de una época a otra, el número clásico de *nomos* fue cuarenta y dos.

La decoración del sarcófago de Wereshnefer de la XXX dinastía y el fragmento de un relieve de la Yale Map Collection son unos de los pocos ejemplos de mapas de Egipto conservados de época antigua. Este tipo de mapa no pretendía representar la cartografía real de Egipto, sino su posición en el universo cósmico, la visión egipcia del mundo esférico y egiptocentrista. En ambos casos el mundo se encuentra organizado en anillos concéntricos con la representación de los cuarenta y dos nomos egipcios en el primer anillo, rodeado por el desierto y los pueblos extranjeros, y el anillo de las primigenias aguas del Nun, que cierran todo el conjunto.

Las orillas del Nilo no solo eran fértiles sino que también proveían de materiales útiles. El lino era cultivado como un material de lujo con el que se confeccionaban vestidos; con el papiro se podía fabricar barcos, esteras, cestas, cajas, cuerdas, sandalias, etc. El barro se encuentra en cantidad en Egipto y es muy buen aislante y fácil de trabajar, por lo que se convirtió en el material más común para las construcciones. Sin embargo, en la

El Sol en diferentes etapas de su viaje

Diosa Nut (cielo)
Dios Shu (atmósfera)

Tercer anillo: aguas primordiales

Segundo anillo: pueblos extranjeros
Primer anillo: 42 nomos de Egipto

Mediterráneo

Dios Geb (tierra)

Mapa de Egipto en la tapa del sarcófago de Wereshnefer
(XXX dinastía)
[Figura 5]

ribera del Nilo era difícil encontrar materiales duros para construcción. La madera en Egipto era escasa y la que existía, principalmente de acacia, sicomoro, tamarindo y palmera, no era de calidad; así que Egipto importó desde tiempos muy recientes madera desde Asia. En el caótico y seco desierto se encontraban importantes recursos mineros, como granito, basalto, cuarzo y alabastro; pero otros materiales que hoy asociamos con el mundo egipcio como el lapislázuli y el oro tuvieron que traerse del extranjero.

A pesar de su aparente aislamiento, Egipto forma un importante punto de encrucijada entre Asia, África y Europa, entre el mar Rojo y el mar Mediterráneo, por lo que ya desde la prehistoria sus habitantes comerciaron y convivieron con gentes de culturas diversas.

Dibujando palabras, escribiendo el mundo. Los jeroglíficos y la escritura egipcia

Los egipcios escriben, en cambio, de derecha a izquierda.
Por cierto que usan dos tipos de signos, unos que se
llaman sagrados y otros populares.

Heródoto II, 36, 4

Junto con momias y pirámides, los jeroglíficos egipcios forman la principal trinidad de símbolos del antiguo Egipto, y también han sido los protagonistas de algunas de las teorías más extravagantes sobre esta civilización, pero ¿qué sabemos realmente de los jeroglíficos?

El antiguo idioma egipcio pertenece a la rama de lenguas afro-asiáticas, y su característica más sobresaliente es el sistema de escritura pictográfica que usaron los antiguos egipcios para representarlo, los jeroglíficos. Los jeroglíficos representan objetos, alimentos, elementos arquitectónicos, animales y humanos, o parte de ellos… muchos de los cuales son reconocibles a primera vista. Esta característica de la escritura jeroglífica ha despistado durante siglos a aquellos valientes que fueron educados con escrituras fonéticas, en la que cada signo representa un sonido, pretendieron descifrar la lengua del antiguo Egipto. Henchidos de pasión y motivados por la posibilidad de descifrar el mapa de tesoros milenarios y el secreto de ciencias arcanas, muchos se aventuraron a intentar descifrar los jeroglíficos, pero la mayoría de las veces tomaron un mal camino, creyeron que las formas significaban lo mismo que representaban.

Pero el mundo de la Ilustración ya estaba preparado para liberarse de los prejuicios místicos de la Antigüedad y la Edad Media, y solo necesitaban un golpe de suerte para poder dar con la clave que les permitiera descifrar el código de los jeroglíficos egipcios. Este vino durante la batalla de Rosetta en 1799, cuando en plena guerra entre franceses y británicos por el control de Egipto se descubre en la localidad del mismo nombre una piedra de basalto con un edicto de Ptolomeo V grabado en ella. Históricamente el texto no posee gran interés especial, y nunca hubiera salido del ámbito académico de no tratarse del primer texto plurilingüe conocido del antiguo Egipto: tres franjas horizontales con el mismo texto escrito en jeroglífico egipcio, demótico y griego.

No fue el único logro del bando francés durante esta guerra. Napoleón llegó a Egipto con dos ejércitos. Uno militar al uso; el segundo, mucho menos numeroso y ruidoso, estaba formado por investigadores seleccionados entre la élite intelectual de la Ilustración. La desastrosa campaña militar no impidió el rotundo éxito de la misión científica. Las investigaciones en el terreno se materializaron en la obra *Description de L'Egypte*, una obra de referencia para los egiptólogos en veinticuatro volúmenes. La publicación de *Description de L'Egypte* marca el comienzo de una época de admiración por el mundo egipcio en Occidente, que desembocaría en la traducción de los jeroglíficos y el inicio de la egiptología. Por fin los egipcios podrían contarnos su versión sobre su propia historia, sin artificios ni enigmas.

Y aunque los franceses perdieron la guerra y el usufructo de la piedra de Rosetta, fue un francés el primero en descifrar los jeroglíficos, Jean-François Champollion. ¿Qué descubrió Champollion? ¿Cómo funcionan los jeroglíficos? En la escritura jeroglífica existen tres categorías principales de símbolos: fonogramas, determinativos e ideogramas. Observemos la siguiente palabra escrita en jeroglífico, que se lee *iaw* y se traduce como 'ancianidad'. Sin ninguna explicación, cualquier lector puede relacionar el significado de la palabra con el

Champollion fue el primero que dio con la clave para descifrar los jeroglíficos egipcios, pero no fue el primero en intentarlo. En la imagen, copia de una estela del rey Amenemhat II en el libro *Kitab al-Aqalim al-Sab`ah* (*Libro de los Siete Climas*) escrito por Abu al-Qasim al-Iraqi en el siglo XIII.
[Figura 6]

jeroglífico de un hombre que se apoya en un bastón para andar, ¿pero qué relación guardan una pluma, un buitre y un polluelo con un anciano? Evidentemente ninguno. Cada uno de estos jeroglíficos representa uno de los sonidos de la palabra *iaw*: = i; = a; = w.

Estos pertenecen al grupo más importante y numeroso de jeroglíficos, conocidos como fonogramas. Los fonogramas son jeroglíficos que representan un sonido que puede estar compuesto de una, dos o tres letras (jeroglíficos unilíteros, bilíteros o trilíteros). Estos jeroglíficos se unen y combinan para crear nuevas palabras. Para simplificar la explicación podemos poner un ejemplo en nuestro idioma. Si encontráramos estas dos figuras: ☀☸, rápidamente leeríamos la palabra *soldado*, aun sabiendo que no hay relación alguna entre esta profesión, una estrella y un juego de mesa.

El jeroglífico del hombre mayor () en la palabra *iaw* es un determinativo. Los determinativos son jeroglíficos sin carga fonética. No se leen, pero transmiten información esencial sobre la palabra a la que acompaña. En este caso un hombre mayor como representación de la ancianidad. Si a nuestro ejemplo le sumáramos otro símbolo ☀☸♀ la lectura no cambiaría, seguiríamos leyendo *soldado* pero sabríamos que en este caso no estaríamos refiriendo concretamente a una mujer.

El tercer grupo de jeroglíficos, que es el más limitado y sencillo, son los ideogramas. Los ideogramas son aquellos símbolos cuyo significado coincide con su forma. Estos suelen escribirse sobre una barra vertical para diferenciarlos de los fonogramas. Siguiendo nuestro ejemplo, el siguiente símbolo ☀ tiene el significado de sol (en egipcio es *ra*) y no hace falta saber egipcio para comprenderlo.

La característica pictográfica de los jeroglíficos tiene un efecto esencial en el arte egipcio, y es que las imágenes y textos forman una unidad.

En este caso, la representación de Meteti en el centro de la imagen coincide con el jeroglífico 𓀉 (A22 según la lista de Gardiner) y funciona al mismo tiempo como representación del difunto y como determinativo de su nombre, (𓄿𓏏𓏏 = Meteti) que está escrito justo frente a su cara.

[Figura 7]

El uso combinado de los diferentes tipos de jeroglíficos permite niveles de interpretación más complejos, en los que significado y significante, arte y escritura, pueden combinarse y enriquecer la lectura de los textos escritos en jeroglífico de una manera imposible para las culturas alfabetizadas. En la palabra egipcia 𓁹𓊽 (el dios Osiris, que se lee /asir/) podemos distinguir los tipos de jeroglíficos que ya conocemos. Los dos primeros tienen valor fonético (𓊽 = *as, y* 𓁹 = *ir) y un determinativo con significado de divinidad* (𓊹). Sin embargo, en este caso los fonogramas suman a su sonido el significado de su forma, un ojo y un trono, verdaderos símbolos para definir la función de Osiris, el rey del más allá, encargado de juzgar las acciones de los difuntos.

La escritura jeroglífica puede dirigirse de izquierda a derecha o a la inversa, lo que permite composiciones dinámicas, creativas y frecuentemente simétricas. Para saber en qué orden debe leerse los textos jeroglíficos, los símbolos que representan formas reconocibles sirven como referencia ya que *miran* hacia el principio de la frase. En la *Estela de Sesostris III* en Semna el cuerpo del texto está escrito de derecha a izquierda, pero en la parte superior encontramos un texto repetido y escrito en dos direcciones distintas.

Aunque en el antiguo Egipto solo existía un idioma, existían varias escrituras para representarlo. El fenómeno no es extraño en otras culturas, por ejemplo durante la Edad Media hispana se crearon los textos aljamiados, escritos en lengua castellana pero con caracteres del alifato árabe. En Egipto existieron hasta tres escrituras diferentes: la escritura jeroglífica, la hierática y la demótica.

La escritura jeroglífica tiene un carácter divino y su uso se limita a contextos sagrados. Generalmente encontraremos jeroglíficos escritos sobre soportes duraderos,

Remate superior de la estela de Semna del rey Sesostris III
[Figura 8]

caros, prestigiosos y ritualmente importantes (como papiros, paredes de templos, estelas, sarcófagos, escarabeos, etcétera).

Al mismo tiempo los egipcios usaron la escritura hierática. «Hierática» se traduce como 'sagrada', sin embargo la escritura hierática destaca por todo lo contrario. Es una escritura útil, cursiva, rápida, estilizada y usada en contextos civiles y cotidianos, documentos legales, administrativos, jurídicos... Era sin duda más funcional que los mágicos y complejos jeroglíficos, por ello su uso estaba más extendido y su soporte eran materiales cotidianos como papiros y cerámica, no sobre piedra.

Alrededor del siglo VII a. C. la escritura demótica sustituyó a la hierática. Le fue dado este nombre (en griego *demos* significa 'pueblo') por ser la más usada en contextos administrativos y cotidianos, y sus caracteres son una evolución del hierático.

Durante el período de gobierno ptolemaico, cuando se escribió la piedra de Rosetta, el griego se convirtió en la lengua oficial del Estado egipcio. Por eso se entiende la utilidad de repetir el mismo texto en tres lenguas diferentes y las connotaciones que cada una tenía en el antiguo Egipto. El jeroglífico era la escritura sagrada que legitima el mensaje y enlaza con la tradición, la escritura demótica era la más extendida y más accesible al pueblo egipcio y el griego era la escritura oficial administrativa y la propia de los gobernantes.

No podemos acabar este apartado sin delimitar el ámbito concreto de la escritura. Como en toda cultura antigua, Egipto es un pueblo con un porcentaje muy mayoritario de analfabetos y la escritura es principalmente un instrumento de la élite y la administración. Como toda cultura preindustrial, el antiguo Egipto era una cultura eminentemente oral, y las tradiciones pasaban de generación a generación gracias a la memoria y la narración.

LOS NOMBRES PROPIOS

Cómo traducir los nombres propios egipcios es tema de frecuente controversia. Los principales reyes y ciudades de Egipto son conocidos por dos nombres, uno egipcio y otro griego.

Hasta hace poco en cualquier obra de divulgación uno se encontraba con que el quinto rey de la XII dinastía era Sesostris III. Este era el nombre con el que le conocíamos gracias a la tradición griega y el que tradicionalmente se había aceptado. El problema surge cuando podemos empezar a leer los nombres egipcios directamente en jeroglíficos, sin recurrir a la lengua griega como intermediaria, y nos damos cuenta de que los nombres no coinciden con los que ya nos habíamos aprendido y de que Sesostris III se llamaba Senuseret.

Los faraones, además, tuvieron hasta cinco nombres asociados a su cargo, aunque generalmente solo son nombrados por uno. Esta multiplicidad de nombres se ve en la *Estela de Sesostris III* en Semna, en la que el rey es nombrado por cinco nombres: *Necherjeperu* = 𓊹𓆣 ; *Nechermesut* = 𓊹𓄝 ; *Jakaura* = 𓂓𓏺 ; *Jeper* = 𓆣 , *Senuseret* = 𓋴𓋹 .

El protocolo ortodoxo de títulos reales estaba compuesto por cinco títulos que precedían a los cinco nombres del rey: el nombre de «Horus» (𓅃 X) , el nombre de «las Dos Señoras» o *nebty* (𓎢 X), nombre de «Horus de oro» (𓅉 X), el nombre de «la abeja y la caña» o *nesut-bity* (𓆥 X), y el nombre de «hijo de Ra» o *sa Ra* (𓀀 X).

De los cinco nombres reales, el de «la abeja y la caña» y el de «hijo de Ra» son los más importantes. En el Egipto antiguo estos dos nombres eran los únicos que se escribían dentro del cartucho, un cordón circular que protegía el nombre y tenía significado de «eternidad». En la actualidad estos nombres son convencionalmente escogidos para nombrar a los faraones.

Como muchos reyes egipcios tuvieron el mismo nombre de *nesut-bity* o *sa Ra*, los diferenciamos añadiendo un número ordinal al final del nombre. Es una convención tomada del sistema usado por pontífices católicos y reyes europeos, pero que no existía en el antiguo Egipto. Y aunque de este modo diferenciamos a Sesostris I, de Sesostris II y Sesostris III, sería más correcto añadir el nombre de «hijo de Ra» para diferenciarles y hablar de *Jeperkara Senuseret* (Sesostris I), *Jajeperra Senuseret* (Sesostris II), y *Jakaura Senuseret* (Sesostris III). Si bien más apropiado, este método es mucho más lioso y enfangaría la comprensión y lectura del texto, que deseamos que sea ágil. Para evitar confusiones, creemos que es conveniente seguir la convención clásica a la que la mayoría estamos acostumbrados: Sesostris III en vez de *Senuseret III* o *Jakaura Senuseret*, Keops en vez de *Jufu*, etc. Pero habiendo advertido previamente de que siempre que se escribe el nombre de un faraón en un idioma moderno hay una elección del autor, y de que la opción que hemos elegido no es la única ni la mejor, el lector que maneje diferentes textos y profundice en la historia de Egipto podrá encontrar diferentes opciones de transliteración igualmente válidas.

Los nombres de personas y ciudades en egipcio eran parlantes, es decir, tenían un significado. Así *Senuseret* puede traducirse como 'Señor de Useret', una diosa egipcia relacionada con el poder del ojo de Ra. Si solo nos quedáramos en la transliteración este significado no llegaría al lector, pero si eligiéramos traducir todos los nombres, de nuevo correríamos el riesgo de enmarañar y ralentizar la lectura. Por tanto, únicamente se ofrecerá la traducción de los nombres en los casos en que su significado ofrezca una información relevante de la historia.

CRONOLOGÍA EGIPCIA

Sin una explicación previa, el lector que se acerque por primera vez a la historia del antiguo Egipto puede verse abrumado por la cantidad de fechas, dinastías y reinos que articulan la extensa cronología del antiguo Egipto y perder parte de la información. Y es que entre la cons-trucción de la Gran Pirámide y la muerte de la reina Cleopatra transcurre más tiempo que entre la muerte de la reina egipcia y la llegada del hombre a la Luna. Por ello, la división en períodos es especialmente útil en el estudio de una de las culturas más longevas de la histo-ria. Pero el estudio de la cronología es uno de los campos más complejos de la egiptología, y está en continua revisión. Las fechas presentadas en este libro se basan en autores fiables, pero advertimos que es posible encontrar ligeras diferencias en otras obras.

El conocimiento esencial de la secuencia de acon-tecimientos de la cronología egipcia proviene de las fuentes antiguas. Una de las más citadas es la lista de Manetón, un sacerdote egipcio procedente de Sebenitos (en el delta del Nilo) que vivió durante los reinados de los faraones mace-donios Ptolomeo I y Ptolomeo II. Estos reyes, extranjeros en su propio reino, y responsables del gobierno de una cultura milenaria, deseaban conocer la historia de su reino, para ello encargaron a Manetón la redacción de una Lista Real. Esta obra, escrita en griego y conocida como *Aegyptíaca*, no se ha conservado, pero ya en la Antigüedad fue tan célebre que se convirtió en el texto de cabecera para cualquier autor que se interesara por la historia de Egipto. Gracias a las citas y copias de otros autores aún hoy conocemos fragmentos de la *Aegyptíaca* y podemos rehacer buena parte de la historia de Egipto a pesar de que el texto original se ha perdido.

Es lógico pensar que gracias a su privilegiada posición de sacerdote y a la autoridad de quien cumple un encargo directo del rey, Manetón escribió su obra teniendo acceso a los archivos y bibliotecas más antiguas e importantes de Egipto. Aun así, debemos pensar en la dificultad de su trabajo y perdonarle si cometió algún error. Manetón recompuso la historia de un país que ya contaba más de 2500 años desde su unificación política, batallando con fechas inexactas, corregencias, reinados que se solapan, años de oscurantismo, faraones borrados de la historia…

La traducción de la escritura jeroglífica revolucionó los estudios sobre la cronología del antiguo Egipto. Sabiendo leer las inscripciones jeroglíficas, la lista de Manetón pudo compararse con otros documentos egipcios como el Canon de Turín, la Lista Real de Abidos, la piedra de Palermo, la piedra de Saqqara sur, y cientos de esculturas, estelas y relieves. Las fechas egipcias empezaron a encajar como un puzle y hoy en día se dispone de una secuencia histórica completa de la cronología del Estado egipcio.

Las peculiaridades de Egipto hacen inútiles las principales divisiones del mundo antiguo, creadas con base en un principio de evolución tecnológica (Edad de Cobre, Bronce, Hierro…) y se han creado otras divisiones y subdivisiones más adecuadas para esta cultura. La primera es moderna, la creación de un esquema basado en la estabilidad política y la existencia de un Estado centralizado. Si representáramos en un gráfico la historia completa de Egipto, esta tendría forma de dientes de sierra con períodos pico y períodos valle. Los períodos pico son conocidos como reinos (o imperios), se relacionan con períodos de esplendor y se caracterizan por la existencia de un poder centralizado que controla el país, la administración, sus rentas, etc. Por el contrario, los períodos valle (conocidos como períodos intermedios) están caracterizados por crisis de la monarquía, desintegración política y división del poder en diferentes señores territoriales que en ocasiones consiguen formar sus propias dinastías. La segunda división es la organización en dinastías (hasta treinta y una), ligadas principal pero no únicamente, a la consanguineidad de los monarcas.

Aunque la división entre reinos y períodos intermedios es una convención moderna, la existencia de dinastías se debe a Manetón.

Los egipcios consiguieron desarrollar desde tiempo temprano un calendario bastante exacto. Según Heródoto «los egipcios fueron los primeros de todos los hombres que descubrieron el año, y decían que esto lo hallaron a partir de los astros» (II,36,4). El calendario egipcio se basaba en los principales ciclos naturales. Es un calendario solar y lunar, pero también dependiente de la crecida del Nilo. Duraba 365 días y estaba dividido en tres estaciones de cuatro meses y en semanas de diez días. La crecida del Nilo marcaba el inicio del Año Nuevo, alrededor del 20 de julio de nuestro calendario. Cada Año Nuevo, los egipcios celebraban la llegada del nuevo año acudiendo al río con unos vasos cerámicos conocidos como cantimploras de Año Nuevo, que llenaban con el agua de la primera inundación. En una tumba de Les Casetes (Villajoyosa) se encontró una de estas piezas con una inscripción en jeroglífico para favorecer la fortuna del poseedor en el año que se acababa de iniciar:

> Que (el dios) Ptah abra un feliz año a su dueño.
> Que (la diosa) Neit dé vida y fuerza a su dueño.

La sociedad egipcia era esencialmente agrícola y el año egipcio se dividía en tres estaciones dependientes del fenómeno natural más importante para la existencia de la vida en Egipto, la crecida del Nilo. Las tres estaciones fueron conocidas como *ajet* o estación de la 'inundación' ( ), *peret* o estación de la 'siembra' ( ) y *shemu* o estación de la 'cosecha' ( ).

Como sabemos, el tiempo que la Tierra tarda en girar en torno al Sol no dura exactamente 365 días. Nosotros corregimos este desfase añadiendo un día más al calendario cada cuatro años, pero los egipcios no aplicaron reformas destinadas a corregir este desfase, y el calendario astronómico y civil perdieron su coordinación. A finales del siglo III a. C. un grupo de sacerdotes se reunieron en Canopus para intentar corregir este fallo aunque no lograron alcanzar un acuerdo y el calendario egipcio continuó sumando errores.

A pesar de haber elaborado un calendario bastante exacto desde tiempos tempranos, los egipcios no desarrollaron un sistema de datación absoluta como el calendario cristiano o musulmán. El punto cero de la cronología egipcia era la subida al trono del faraón y se reiniciaba con cada nuevo rey.

Tras esta introducción, quizás el lector quiera ponerse a prueba de nuevo con la primera línea del cuerpo del texto de la estela de Semna que ya conoce (Figura 8) y saber cuándo mandó Sesostris III que se colocara, teniendo en cuenta que los jeroglíficos I y ∩ son numerales que indican uno y diez respectivamente, que el grupo de jeroglíficos I⊙ significa año, ⌒ significa mes, y que ya conocemos el nombre de las estaciones:

Año 16 [del reinado de Sesostris III], mes 3 de la estación de la siembra [*peret*].

DIOSES CON FORMAS DE ANIMALES

Existe un gran peligro en tratar de comprender una religión antigua comparándola con una religión conocida, y esta máxima es especialmente exacta en el caso de la exótica y lejana religión egipcia. Por eso ahora el lector será sometido a un esfuerzo especial para comprender la religión egipcia desde otro punto de vista, tratando de evitar los prejuicios que han perseguido a esta exótica religión desde la Antigüedad, cuando el autor griego satírico Luciano de Samósata escribía:

> Tú, cara de perro, egipcio vestido de lino, ¿quién eres, buen hombre, o cómo pretendes ser un dios con tus ladridos? ¿O con qué pretensión es adorado este toro moteado de Menfis, da oráculos y tiene profetas? Porque me da vergüenza hablar de los ibis, los monos y otras criaturas mucho más ridículas que se nos han metido no sé cómo en el cielo procedentes de Egipto. ¿Cómo podéis aguantar, dioses, el ver que se les rinde culto tanto o más que a vosotros? O tú, Zeus, ¿cómo lo llevas cuando te ponen cuernos de carnero?

> *La asamblea de los dioses*
> Luciano de Samósata

La curiosa posibilidad de transformarse total o parcialmente en animales es la característica más notable de los dioses egipcios. Los dioses egipcios zoomorfos nos resultan extraños y difíciles de interpretar, no pertenecen a nuestra tradición y son blanco fácil de la burla. Contradiciéndonos, sin que sirva de precedentes, señalaremos que este tipo de metamorfosis están tan normalizados en religiones como el cristianismo que a menudo nos cuesta reconocerlo. San Cristóbal Cinocéfalo es un santo especialmente popular en la Iglesia Ortodoxa que se representa con cabeza de perro como Anubis, y fíjense cuántas veces Cristo es representado como un cordero, un pelícano o como un pez.

El repertorio, por supuesto, es mucho más variado en el antiguo Egipto: monos, escarabajos, serpientes, cocodrilos, hipopótamos, halcones…; pero también objetos inanimados como plumas, columnas… ¿Por qué los egipcios representaron a sus dioses mezclados con toda serie de animales y objetos? La respuesta más

El grafito de Alexámenos, grabado en el monte Palatino de Roma, intenta ridiculizar a los cristianos representando a Jesucristo con cabeza de burro
[Figura 9]

frecuente coincide con la forma más rápida y sencilla de zanjar la discusión, pero no, los egipcios no adoraban a los animales. La representación de lo sagrado, la mayor de las veces intangible, y siempre superior al ser humano, es un fenómeno complejo al que se han tenido que enfrentar todas las religiones y que incluye discusiones sobre la naturaleza de lo divino. La capacidad del hombre para aprender y entender lo divino, y si este poder se puede contener en una forma material. Algunas religiones han resuelto que no, con la consiguiente prohibición de representar figuras divinas, y otras las han adorado o usado como instrumento. La solución egipcia al problema de cómo representar la divinidad y el ordenamiento del cosmos, fue tomar de la naturaleza el repertorio de símbolos necesarios para representar el mundo tal y como ellos lo entendían. Para muestra, un pectoral. En él vemos un escarabajo rodeado por dos babuinos.

Uno de los dioses más representados en templos, tumbas y papiros es Khepri, que suele aparecer como un escarabajo con un disco solar entre las patas. Khepri representa el sol del amanecer y no es un escarabajo cualquiera, sino un *Scarabaeus sacer*, más conocido con su nombre vulgar, escarabajo pelotero. Este curioso animal crea con excrementos una bola que arrastra y entierra bajo tierra, y de la que nace su descendencia después de un período de incubación. La mentalidad egipcia asoció la fuerza invisible que mueve el sol por el cielo de día, lo empuja bajo la tierra cada atardecer y le permite renacer y garantizar la vida con el nuevo día con el comportamiento del escarabajo pelotero. Lo llamaron Khepri, fonéticamente cercano al verbo *kheper* ('llegar a ser'). La forma más común de representar a Khepri es la de escarabajo que empuja el sol, pero en algunas ocasiones Khepri tenía que sentarse en un trono y sujetar emblemas de la divinidad, habilidades que no posee el

Pectoral con la representación de Kehpri sobre la barca solar
[Figura 10]

laborioso escarabajo pelotero. En estas ocasiones Khepri se representaba con cuerpo humano y cabeza de escarabajo, de forma que fuera reconocible y aun así pudiera realizar acciones humanas.

Volviendo al primer ejemplo, estas soluciones simbólicas también existen en el conocido arte cristiano, aunque son más difíciles de reconocer. Según el bestiario cristiano medieval el pelícano abría con su propio pico una herida en su pecho para alimentar a los polluelos con su sangre. Este comportamiento era un paralelo simbólico del sacrificio de Jesús, y el pelícano es un motivo bastante común en el repertorio artístico cristiano. Otras veces, Cristo es representado como un pez por un juego de palabras entre su nombre en griego, ΙΧΘΥΣ, y el acrónimo de Ἰησοῦς Χριστὸς Θεοῦ Υἱὸς Σωτήρ (Jesucristo, Hijo de Dios, Salvador).

PARTES DEL CUERPO

Uno de los aspectos esenciales de cualquier sistema religioso es explicar el origen, destino y la naturaleza del ser humano. Esa tríada de preguntas tan repetidas a lo largo de la historia que aún no han sido respondidas de manera universalmente satisfactoria: ¿quiénes somos?, ¿de dónde venimos?, ¿a dónde vamos? Los egipcios encontraron en la religión una respuesta que pareció convencerles, pues la mantuvieron durante varios miles de años.

Como todo ser humano, el egipcio era consciente de las limitaciones de su cuerpo, principalmente la temporal. Pero según un mito heliopolitano los primeros hombres y mujeres habían nacido de las lágrimas de Ra, que una entidad divina hubiera intervenido en su creación les permitía intuir que ellos mismos poseían potencias espirituales que trascendían su propia materia y les permitiría seguir viviendo una vez el cuerpo hubiera muerto.

Estos eran el *ka*, el *ba* y el *akh*, tres elementos anímicos difíciles de entender e imposibles de traducir. Aunque frecuentemente podemos encontrarlos traducidos como 'espíritu' o 'alma', se trata de términos que cargan con el significado de la tradición judeocristiana y emborronan el sentido con el que lo entendieron los egipcios.

El *ka* es una entidad espiritual presente en hombres, reyes y dioses (estos podían tener más de un *ka*), una fuerza vital que protege y permite la inmortalidad siempre y cuando se cumplan los ritos adecuados. Para que un *ka* pudiera existir debía conservarse una forma humana reconocible del difunto, preferiblemente la momia, aunque también podía servir una escultura. El *ka* necesitaba ser alimentado pero es un ente estático,

El dios Khnum moldeando el *ka* en un relieve
del templo de Dendera.
[Figura 11]

por lo que se nutre de las ofrendas dejadas en la tumba.
En realidad el *ka* únicamente puede tomar la parte espiritual de los alimentos por lo que no hay tumba que se
precie donde falte una mesa bien cargada de ofrendas
representada en relieve. Gracias a la magia de la representación en Egipto (lo que se representa es) y a la efica-
cia de los ritos funerarios estos relieves podían alimentar
al *ka* del difunto y sustituir la comida real igual que una
escultura con el nombre del difunto podía sustituir a su
cuerpo. Así lo recoge la fórmula de ofrenda más común
del antiguo Egipto: «Una ofrenda que da el rey a Osiris
para que dé pan y cerveza bueyes y aves, y de todo lo
bueno y puro que vive un dios para el ka del venerado
difunto». Al *ka* se le representaba como un hombre con
dos brazos levantados sobre su cabeza (⊔, precisamente
el símbolo jeroglífico para *ka*) y era creado por el dios
Khnum en un torno de alfarero. La idea de dios creador
como alfarero es un arquetipo que se repite en muchas
otras religiones antiguas y contemporáneas como el

43

cristianismo (Isaías 64:8), y es una idea que aún se sigue reflejando en el refranero de la profesión:

Oficio noble y bizarro,
de entre todos el primero,
pues, siendo el hombre de barro,
Dios fue el primer alfarero
y el hombre el primer cacharro.

Otro de los elementos del hombre es el *ba*. Generalmente se representa como un pájaro con cabeza de hombre. Se trata del elemento anímico de la personalidad del difunto, que se manifiesta únicamente tras el fallecimiento de este. Aunque habita en la tumba, el *ba* posee la capacidad de trasladarse y abandonarla, sirviendo como nexo entre el mundo de los muertos y el de los vivos, y entre su *ka* y los dioses:

Ve, ve, *ba* mío, de modo que aquella persona, dondequiera que esté, puede verte en tu apariencia viva, de modo que puede estar de pie y sentada junto a ti en tu presencia […]. El dios del grano, que vive tras la muerte, es aquel que te recibirá en la puerta de la que emerges cuando dejas el fluido de mi carne y el sudor de mi corazón.

Textos de los sarcófagos II
J. M. Parra Ortiz

Finalmente, el *akh* es un concepto únicamente funerario que representa la transición completa y perfecta de las partes de una persona difunta gracias a los rituales apropiados.

El armazón imprescindible para todos estos elementos anímicos era la parte física, el cuerpo (*djet*), sede del corazón (*ib*). Dada su esencia orgánica, se trata de elementos corruptibles, pero también indispensable para la existencia incluso después del fallecimiento. Por ello, los egipcios desarrollaron técnicas de momificación artificial. En la mentalidad egipcia el corazón no era únicamente un eslabón más de la cadena de sustento y mantenimiento físico del cuerpo; sino la sede de la razón y el entendimiento, la consciencia, los deseos y los sentimientos. Gracias a su corazón, los egipcios eran capaces de obrar con libertad e incluso transgredir el orden decretado por sus mismos creadores, como se deduce de las palabras de Khnum en los *Textos de los Sarcófagos*:

> He creado al hombre igual que su compañero; no le ordené que hiciera el mal, sino que es su corazón el que destruye lo que yo he dicho.
>
> *The Ancient Egyptian coffin texts*
> R. O. Faulkner

Por ello en el corazón de los difuntos se depositaba la memoria de su comportamiento durante su vida, en función del cual se desequilibraría la balanza de uno u otro lado durante el juicio de Osiris. La importancia del corazón se tradujo en un tratamiento especial durante el proceso de momificación, y era el único órgano que se mantenía dentro del cuerpo del difunto.

En caso de que todo fallara, los egipcios podían contar con un último recurso, la magia. Concretamente la magia de los nombres y la escritura, tal y como vemos en la siguiente inscripción grabada en una tumba:

> Construí esta tumba en esta necrópolis, junto a los grandes espíritus que aquí están, para que se pronuncie el nombre de mi padre, y el de mi hermano mayor. Un hombre es revivido cuando su nombre es pronunciado.
>
> *Textos para la historia antigua de Egipto*
> J. M. Serrano Delgado

Así que hagamos un favor reconociendo al propietario de la tumba: Petosiris, hijo de Neschuo y hermano de Dyedtotefanj.

MAAT. LA ETERNA LUCHA DEL ORDEN CONTRA EL CAOS

Aunque podría escribirse una historia de Egipto describiendo solo los monumentos y acontecimientos que conocemos, si realmente queremos entender la cultura del antiguo Egipto es una condición obligatoria definir *maat*. El trabajo aparentemente sencillo de explicar una palabra es en realidad imposible ya que *maat* no tiene equivalente en nuestra mentalidad ni traducción en nuestro idioma. Así que, ¿qué es *maat*? En las «máximas de Ptahhotep», maat aparece como sinónimo de justicia, la justicia primordial que depende del rey:

> Si eres un líder que controla el destino de muchos, busca beneficio en cada acción, que tu conducta sea irreprochable. La Justicia (*maat*) es grande, y en efecto perdura, no ha sido alterada desde los tiempos de Osiris.
>
> *Ancient Egyptian Literature*
> M. Lichtheim

Maat es la verdad trascendental, el orden y la justicia cósmica, el equilibrio entre orden y caos que fue establecido al principio del tiempo. Y como un faraón no era únicamente un gobernante en la tierra, sino que tenía naturaleza y deberes religiosos, su principal obligación era mantener el estado cósmico primigenio, gobernar de acuerdo a los principios de *maat*.

En su forma antropomorfa, *maat* es representada como una mujer con una pluma de avestruz sobre su cabeza: ꝑ, el jeroglífico para definir *maat*. Pero en realidad maat es un concepto abstracto que está presente en todos los templos de Egipto y toda obra artística religiosa. *Maat* es la ofrenda más valiosa del rey que puede ofrecer al dios, ya sea en forma de escultura, jeroglífico o como una victoria en la batalla que alejaba a los enemigos de Egipto y aseguraba el orden.

Maat explica la rigidez de las reglas del arte egipcio durante milenios. Orden, simetría, equilibrio, proporción… son principios de *maat* y también de cualquier obra de arte egipcia. En el arte egipcio no hay lugar para barroquismos porque en su mentalidad toda imagen (y jeroglífico) tiene un poder real y una fuerza vital, la representación trae el objeto al mundo real y no debe representarse nada que altere el orden de *maat*.

2

El Egipto Predinástico

La temprana aparición de la escritura y de monumentos tan colosales como las pirámides ha transmitido la impresión de que el Estado egipcio aparece por generación espontánea completamente formado y organizado. Y sin embargo sabemos que no es así, que la formación del Estado egipcio es el resultado de un proceso muy dilatado del que no existen documentos escritos y los hallazgos arqueológicos son difíciles de encajar en un proceso comprensible y totalmente aceptado.

Alrededor del VII milenio a. C. se realizan las impresionantes pinturas de la cueva de los Nadadores y la cueva de las Bestias, cuya iconografía se ha relacionado con la que más tarde encontraremos en la cerámica egipcia de época predinástica.

El desierto líbico era entonces una verde sabana, con lluvias y vegetación abundante, y los primeros pobladores eran nómadas que viajaban persiguiendo la

Pinturas de la cueva de las Bestias.
[Figura 12]

carne. La lluvia se recolectaba en lagos naturales llamados «playas» que atraían a los animales que vivían alrededor. A unos 150 km al oeste del Nilo, actualmente una zona del desierto líbico y cerca de la frontera con Sudán, se encontraba la playa de Nabta, donde alrededor del VI milenio a. C. construyó uno de los crómlechs más antiguos, del que se piensa que tenía una función astronómica.

Aunque faltan piezas para precisar la relación entre estos yacimientos y la cultura que consideramos propiamente egipcia, resaltan la importancia que tuvieron las culturas del sur de África y del desierto occidental en la formación de la cultura egipcia, y que generalmente ha quedado sepultada bajo el prestigio de la histórica Mesopotamia. Los hallazgos arqueológicos en el Sahara contradicen a Heródoto, Egipto ya no es solo un «don del Nilo». Que en cuarenta sitios diferentes del desierto

Chrómlech de la playa de Nabta.
[Figura 13]

occidental aparezca el tipo de cerámica conocida como *Clayton ring*, que data de una época en que ya no existen asentamientos estables en el desierto, prueba la existencia de rutas y de comercio de larga distancia entre el valle del Nilo y las poblaciones occidentales desde tiempos predinásticos. Cada vez más, se tiende a aligerar la dependencia de Mesopotamia para explicar el inicio del Neolítico en Egipto, poniendo en relieve que las manifestaciones más primitivas de la cultura del antiguo Egipto deben ser estudiadas teniendo en cuenta los procesos culturales del desierto occidental, de todo el África del norte y de Sudán, donde a finales del VI milenio a. C. ya se había desarrollado la cultura de Jartum, plenamente neolítica.

Pero los cambios climáticos obligaron a un cambio en el estilo de vida de esta gente. Cuando las lluvias escasearon y la llanura se secó la población tuvo que desplazarse hacia el río en busca de un suministro seguro

51

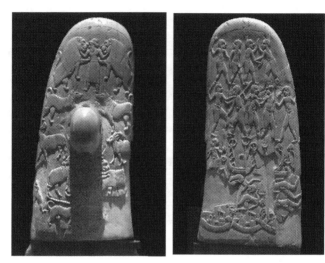

Anverso y reverso del cuchillo de Gebel el-Arak, realizado en
marfil de hipopótamo, y cuya iconografía muestra la influencia
del mundo mesopotámico
[Figura 14]

de agua. Coincidiendo con la aparición del Neolítico y el
movimiento de población se desarrolla la agricultura, y
a mediados del V milenio a. C. ya tenemos las primeras
culturas asentadas en Egipto, la cultura de el Fayum y
Merimde en el Bajo Egipto: y la cultura badariense en la
zona media del valle. Hacia el 4000 a. C. se desarrolla en
el sur de Egipto la cultura de Nagada, que se divide en tres
períodos conocidos como Nagada I (4000-3500 a. C.),
II (3500-3200 a. C.) y III (3200-3000 a. C.).

La cultura de Nagada es el actor principal en la
unificación de Egipto. Su expansión comenzó durante
la fase II, en la que existían en Egipto centros con un
desarrollo muy diverso. No es segura la forma en
que se desarrolló la unificación pero las evidencias

arqueológicas sugieren que fue pacífica y que la unificación cultural, existente desde al menos el comienzo de Nagada III, precedió a la unificación política.

Quizás el control del lucrativo comercio de las rutas internacionales fue el factor que impulsó a la cultura de Nagada hacia el norte, ya que existe una importante presencia de materiales e imágenes originarios de Asia en tiempos predinásticos, como el lapislázuli, la cerámica de Qustul, la iconografía de los cuchillos de Gebel el-Arak y Gebel el-Tarif, o los cilindros del tipo Jemdet Nasr.

En cualquier caso, durante el predinástico Egipto no es un país aislado, sino que se enriquece del contacto con las culturas vecinas. La existencia de materiales exóticos es también evidencia de paz, ya que las expediciones comerciales de largo recorrido requerían de riqueza en el país importador, y una situación y estructura que garantizara la seguridad durante un viaje largo y difícil.

LAS PRIMERAS MOMIAS

Uno de los aspectos más sorprendentes de la religión egipcia es su creencia funeraria. Debido a la creencia de que se podía renacer, siempre que se conservara el cuerpo y se acompañara de los ritos y ajuar apropiados, los egipcios se construyeron imponentes tumbas y las llenaron de lujosos objetos y, claro, el retrato que se ha conservado del antiguo Egipto es el de una cultura centrada en la muerte. Pero es triste y falso pensar que los egipcios no desearan prolongar su vida en este mundo lo máximo posible y en las mejores condiciones. Aunque no son tan conocidos como Anubis u Osiris, en Egipto también existieron dioses relacionados con la medicina y la protección de la salud, como la diosa Mafdet, que se encargaba de alejar a las serpientes, escorpiones y otras alimañas de las personas, que más vale prevenir que curar.

Pero como la muerte es la única certeza de todo ser humano y ni contando con la protección divina se puede evitar, todas las culturas se han preguntado qué hay más allá. Los egipcios creyeron que existía la posibilidad de seguir viviendo tras la muerte gracias a la existencia de las partes «espirituales» del ser humano, el *ka* y el *ba*. Estas sin embargo no eran completamente inmortales y necesitaban que se cumplieran unos ritos concretos que incluían la posesión de una tumba, de un ajuar y la conservación del cuerpo.

La mejor información sobre el proceso de momificación data del Reino Nuevo, pero precisamente por las incógnitas, es por lo que el proceso de inicio de la momificación es tan fascinante de estudiar. Como tantas otras tradiciones egipcias, la momificación es el resultado final de un largo proceso que comienza en tiempos predinásticos, cuando los egipcios enterraban a sus difuntos en la arena del desierto. En un entorno tan árido y seco las bacterias que consumen los cuerpos de los difuntos son incapaces de subsistir, y por azar aparecieron las primeras momias naturales de Egipto, como el llamado hombre de Gebelein (ca. 3500 a. C.).

Una momia no es más que el cadáver de un animal o humano que no se ha descompuesto tras la muerte, y la lista de momias conservadas debido al ambiente y generalmente de forma involuntaria incluye ejemplos de todas las épocas y lugares, como la dama Dai (China), el hombre de Tollund (Dinamarca), la momia de Ötzi (Italia) o las modernas momias de Quinto de Ebro (Zaragoza). Pero el proceso era habitual en Egipto y no podía dejarles indiferentes. Cuando los egipcios descubrieron este insólito fenómeno, buscaron una explicación y crearon un sistema de creencias alrededor de él. La

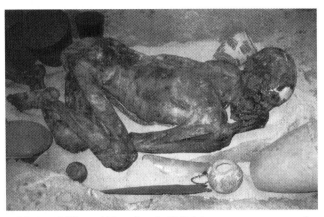

Momia del llamado hombre de Gebelein, que se expone en el British Museum recreando una tumba del 3500 a. C. Se trata de un varón de alrededor de veinte años que probablemente muriera por las heridas provocadas por un puñal.
[Figura 15]

respuesta la conocemos ya, como el ser humano ha sido creado por los dioses está formado por partes perecederas e imperecederas que tienen la capacidad de trascender a la muerte física.

Tradicionalmente, se ha pensado que el enriquecimiento de algunos individuos les permitió realizar enterramientos más elaborados, y que por ironía del destino fueron aquellas personas más ricas, las que podían permitirse una tumba y un sarcófago, las que perdieron el contacto con la arena y cuyos cuerpos se empezaron a descomponer. Si las clases altas no eran capaces de renunciar a una tumba y un sarcófago, el siguiente paso para asegurar la posibilidad de existencia en el otro mundo era forzar artificialmente el proceso de momificación que naturalmente ya sucedía en el desierto.

Esta teoría se ha puesto en duda tras los últimos hallazgos arqueológicos, que abren un abanico de nuevas posibilidades y la necesidad de nuevas interpretaciones. El hallazgo de la llamada «momia negra» en Uan Muhuggiag (Libia), cuya fecha se ha retrasado hasta alrededor del 3500 a. C., llevó a sugerir que la momificación artificial fuera importada a Egipto por pueblos saharianos. Pero la excavación del cementerio HK43 de Hierakómpolis (ca. 3650-3500 a. C.) trajo a la luz nuevas sorpresas. Aunque en esta necrópolis de trabajadores los difuntos se enterraban directamente en pozos excavados en la arena, los cuerpos encontrados en tres tumbas (B16, B71 y B85) tenían manos y bocas cubiertas de lino embebido en resina. Se trata del primer intento de conservación artificial conocido en Egipto, y en el que se intenta proteger las partes que permitirían al difunto alimentarse.

Después de las momias de Hierakómpolis hay un paréntesis hasta las momias más complejas de los tiempos dinásticos, por lo que es difícil establecer una secuencia clara del proceso de momificación artificial.

Necrópolis prehistóricas. El final de la vida, el inicio del Estado

Y es que a falta de algún texto que nos guíe por el período, el estudio de las necrópolis del predinástico egipcio es especialmente importante.

Las tumbas son una mina de información para los arqueólogos, ya que a través de los rituales de enterramiento y los cambios de una época a otra se adivinan los cambios sociales más importantes de los grupos humanos que las realizaron.

La complicación de los enterramientos, el cuidado por los cadáveres y la existencia de ritos nos indican que la muerte ya no era considerada el final de la vida en Egipto, sino que se esperaba que los difuntos pudieran renacer. Uno de los elementos más determinantes a la hora de considerar el desarrollo de la escatalogía en Egipto es la existencia de ajuares. A principios del V milenio a. C., en los cementerios de la cultura badariense se observa un cambio esencial, la monótona pobreza generalizada en los ajuares da paso a la desigualdad entre difuntos, y las tumbas con más objetos se empiezan a separar del resto.

La diferencia entre los enterramientos más pobres y más ricos de Badari es aún ínfima, pero marca la tendencia que va a continuar durante todo el período predinástico. Es el resultado del inicio de una sociedad urbana y compleja en la que aparecen distintos grupos sociales claramente jerarquizados. Magníficas obras como las dos esculturas colosales de Min o las obras de Tell el-Farkha nos indican que en este período se alcanza un gran desarrollo cultural y artístico, que tiene como clientes a una élite que controla los excedentes y como productores a una clase artesana especializada.

En las necrópolis la diferenciación social se muestra especialmente clara entre la élite y el resto de la sociedad. En Hierakómpolis comienzan a aparecer bienes de prestigio que marcan una separación infranqueable entre el poseedor y el resto, se trata de objetos que debido a su origen (materias primas lejanas como lapislázuli) o la complejidad de su manufacturación, procesamiento o manutención (obras de arte, alimentos, bebidas o animales exóticos), son imposibles de conseguir para la mayoría de la población. Pero lo que es más importante es que en los ajuares de esta época aparecen los primeros registros de identidad faraónica, como el cetro *heka* de marfil en la tumba U-j (Abidos).

La tumba 16 (ca. 3650 a. C.) de Hierakómpolis es uno de los ejemplos más extraordinarios del inicio de la realeza egipcia, ya que se observan los mismos deberes que los reyes egipcios van a seguir teniendo miles de años después: el rey no es visto solo como un líder político sino también religioso, encargado de mantener el orden del cosmos.

El difunto de la tumba 16 se hizo enterrar con cincuenta y dos animales, algunos de los cuales no eran originarios de Egipto, como un elefante. Es posible que los animales domésticos (veintiocho perros) y el ganado sirvieran para asegurar al difunto compañía y comida, ¿pero qué podían ofrecer animales salvajes como los dos babuinos, el cocodrilo, el elefante o el hipopótamo? En la mentalidad egipcia estos animales eran el *alter ego* del caos, enemigo de *maat*, y por tanto rivales del rey. La sumisión de estos animales ante el rey, representado como «Señor de los animales», es un prototipo frecuente

Pintura de la tumba 100 de Hierakómpolis
[Figura 16]

en la iconografía real de época predinástica (cuchillo de Gebel el-Arak). Pero también lo vamos a encontrar en épocas posteriores, como en la representación de plantas y animales exóticos en el llamado jardín botánico del templo de Karnak durante el reinado de Tutmosis III.

La pintura de la (desaparecida) tumba 100 de Hierakómpolis (Nagada II) es la obra que mejor resume y refleja la concepción de la realeza durante el predinástico. En las partes señaladas con los números 1 y 3 se representa al rey como «Señor de las bestias», a las que amansa, captura o vence. Con el mismo significado es representado en la imagen señalada con el número 2, en la que el caos es representado por tres personajes encadenados. El conflicto y la violencia van a estar siempre presentes en el arte real egipcio, y el papel pacificador del rey guerrero es uno de los pilares de la ideología monárquica. El rey golpeando a enemigos con una maza (*smiting god*), es una imagen simbólica de la lucha del rey contra el caos. Aunque los prisioneros van a cambiar según quién sea el enemigo real de Egipto en el momento de la representación, la imagen y el significado van a permanecer inalterables desde el período predinástico hasta el final mismo de la cultura egipcia.

Aunque el ajuar (que no era visible) es la parte de las tumbas que mejor se ha conservado, no era la única ni la mejor forma de diferenciación social. Las coloridas superestructuras de las tumbas de Hierakómpolis, que son las primeras salas columnadas del arte egipcio (estructura 7, tumba 23 o tumba 26), eran un foco de atención que convertía a las tumbas en dueñas del paisaje, como luego lo serán las pirámides de Giza durante más de cuatro mil años.

CREANDO LA HISTORIA. EL PRIMER JEROGLÍFICO

La formación del Estado y la diferenciación social vino de la mano de uno de los inventos más fundamentales de la humanidad, la escritura. La escritura es una herramienta esencial en cualquier Estado, su ausencia es siempre interpretada como períodos de crisis y su existencia es uno de los mejores indicadores de salud de una cultura. En Egipto el desarrollo de la escritura es muy temprano, aparece a finales del IV milenio a. C. y hacia el año 3300 a. C. se empezó a usar de manera habitual.

Como suele ocurrir en tiempos predinásticos, todos los contextos arqueológicos donde aparece escritura están relacionados con el rey, su autoridad y su papel religioso. La realeza se apropió de la escritura para su propio beneficio, con ella controlaba las tierras y los excedentes y reforzaba su posición privilegiada ante sus súbditos.

El material más antiguo hallado en Egipto que constituye claramente un sistema escriturario son las etiquetas provenientes de la tumba U-j de Abidos, que se encuentra en la parte más antigua de la necrópolis real de Umm el-Qaa. En este cementerio existen alrededor de setecientas tumbas que van del período de Nagada I a Nagada III. La tumba U-j, construida aproximadamente ciento cincuenta años antes del comienzo de la I dinastía, es la tumba mejor equipada de un gobernante predinástico que ha sido encontrada hasta el día de hoy. Su forma es un rectángulo de 10 x 8 metros y su interior estaba dividido en doce cámaras de diferentes tamaños separadas por muros de adobe. En estos muros se abren unas largas oquedades verticales de quince centímetros de ancho, insuficientes para el tránsito de una persona, pero que junto a la presencia del ajuar podían indicar que ya se habían desarrollado las creencias funerarias sobre las partes espirituales del ser humano y se creía que el *ka* del difunto ya habitaba en la tumba, por la que se movía para alimentarse de las ofrendas.

La tumba fue saqueada en la Antigüedad, pero por suerte para el *ka* del difunto y los arqueólogos modernos, los ladrones dejaron tras de sí una gran cantidad de material en el que no tenían interés, principalmente cerámica. Más de cien de estos vasos cerámicos estaban marcados con un par de grandes caracteres, normalmente una planta y un animal, que se han leído como una construcción gramatical que indica la procedencia del contenido de la cerámica (planta: huerto/Estado-animal: rey). El segundo tipo de soporte escriturario son etiquetas de hueso o marfil de aproximadamente 1,5 x 2 cm. Las etiquetas están inscritas y perforadas en una esquina superior, por lo que en origen debían ir junto a otros objetos, vestidos o cerámicas, indicando la cantidad y el origen del producto.

Este asombroso descubrimiento obliga a reelaborar las ideas de cuándo y cómo aparece la escritura en Egipto y cómo se difunde. La escritura de la tumba U-j de Abidos muestra una estructura gramatical fija, los mismos símbolos que van a usarse en época histórica y en la misma forma (logogramas, fonogramas, determinativos y numéricos), por lo que probablemente estemos ante el resultado de un proceso desconocido para nosotros y cuyo origen desconocemos. También es un misterio el grado de participación o contaminación de culturas extranjeras, especialmente mesopotámicas. Aunque la escritura jeroglífica y la cuneiforme difieren en forma, función y soporte; y su desarrollo parece no estar directamente relacionado, no podemos obviar que ambas escrituras aparecen en un período cercano y que en la tumba U-j se encontraron casi dos mil cerámicas de importación asiática y copias de fabricación local.

Las inscripciones de la tumba U-j de Abidos muestran productos de procedencia muy distante marcados con los mismos símbolos. ¿Fueron estos símbolos escritos en sus lugares de origen o en la corte del faraón difunto? ¿Se manejaba ya la escritura en todos los protorreinos? Son preguntas que esperan nuevos hallazgos para completar las lagunas de la historia del nacimiento de la escritura. En el año 3250 a. C., un faraón desconocido mandó grabar en la ruta desértica que lleva a Hierakómpolis el primer ejemplo conocido de un nuevo soporte con un gran éxito posterior: la escritura monumental. A partir del período dinástico la escritura se difunde, se inventan los rollos de papiro y se documenta su bifurcación en escritura religiosa (jeroglíficos) y profana (hierático).

Desde su aparición, arte y jeroglíficos son inseparables en el antiguo Egipto. Esta pieza cerámica (dinastía I) está formada por el jeroglífico *ka* (Ц), y la cruz *ankh* (♀ , 'vida' o 'vivir'). Gracias a su forma, esta pieza une su función ritual (ungir con líquidos sagrados) y el significado del rito: dar vida al *ka* del difunto.
[Figura 17]

La escritura jeroglífica es una de las características más particulares de Egipto, no es solo una de las creaciones más reconocibles de la cultura egipcia en época moderna, sino que también fue uno de los mayores símbolos de identidad de los egipcios durante la Antigüedad. Nació ligada a un contexto real y sagrado, y mantuvo esta naturaleza hasta el final, conservando en sí misma el fundamento de la cultura egipcia.

Más de cuatro mil años pasan desde su oscuro nacimiento hasta su exacto final en los albores de la Edad Media. La última inscripción jeroglífica data del año 394 d. C., y del año 452 en su evolución en escritura demótica. Es su fin perfectamente fechado, la marca del ocaso de la civilización del antiguo Egipto.

La paleta de Narmer y la unificación de Egipto

El desarrollo que se ha observado en las tumbas de los reyes indica que a finales de Nagada III Egipto ya estaba preparado para la unificación política bajo mandato. Los reyes poseían la legitimización religiosa y las herramientas, y culturalmente toda la población estaba muy unida. Desde comienzos del III milenio a. C. la unificación ya está completada, por lo que este período también es conocido como Protodinástico o Dinastía 0.

Como realmente es poco lo que sabemos sobre el proceso de unificación política de Egipto, el debate se ha trasladado a su autoría, y según la tradición egipcia el honor de ser el primer rey del Egipto unificado corresponde a Menes. Pero la ausencia de evidencias sobre la existencia de Menes en el registro arqueológico del predinástico, contrasta con el elevado número de materiales que muestran la existencia del rey Narmer, así que el privilegiado puesto de Menes ha sido expuesto a debate. ¿Quién es Menes? Hay quien ha querido identificar a Menes con Narmer o incluso con su sucesor, el rey Aha, pero muchos otros egiptólogos dudan de su propia existencia. Para ellos Menes no es más que una figura legendaria, creada cuando la unificación de Egipto era ya un acontecimiento lejano para mitificar un acontecimiento que no tuvo nada de extraordinario. A este respecto llama la atención sorprendentemente el parecido del nombre de Menes con el de otros grandes reyes fundadores lejanos, como el cretense Minos, el germano Mannus y el indio Manu.

Y aunque sí existen muchas evidencias para confirmar la existencia del rey Narmer, tampoco son lo suficientemente explícitas para asegurar sin dudas que fuera este rey el autor de la unificación de Egipto. La

Reverso y anverso de la paleta de Narmer, una pieza fabricada en
esquisto de 63,5 cm. de alto
[Figura 18]

conocida como paleta de Narmer, una placa de esquisto
de 63,5 cm. de alto decorada con relieves con escenas de
luchas, es la principal fuente para proclamar a Narmer
unificador de Egipto.

La parte superior de las dos caras de la paleta de
Narmer está decorada con el nombre del rey dentro de
un *serej* (un motivo que imita una fachada de palacio),
rodeado por la representación por duplicado de la vaca
celeste (la diosa Bat/Hathor), que también aparece en
otras paletas como la de Gerzeh. En el centro de una de
las caras aparece Narmer con la corona blanca del Alto
Egipto en la prototípica posición de *smiting god*, sujetando a un enemigo al que está a punto de golpear con
una maza. Encima del cautivo, el dios Horus mantiene la
cabeza de un hombre que emerge entre plantas de papiro,
símbolo del Bajo Egipto. Debajo del rey dos ciudades

conquistadas son representadas a través del cuerpo de dos enemigos derribados.

La decoración del anverso está dividida en registros. El primero muestra una procesión en la que participa el rey, precedido por cuatro portaestandartes y seguido por el portador de las sandalias. En esta ocasión el rey es representado con la corona roja del Bajo Egipto. La procesión se dirige hacia un montón de cuerpos de enemigos colocados en dos filas de cinco, que son representados decapitados y con la cabeza entre sus piernas. En el registro central dos personas sujetan por el cuello a dos seres conocidos como serpopardos, cuyos largos cuellos se entrelazan para formar una oquedad donde se molían polvos cosméticos. En el registro inferior aparece un toro con los atributos sexuales destacados, representación simbólica del poder del faraón, que embiste contra una ciudad amurallada y pisa a un enemigo.

Sin duda la paleta de Narmer enfatiza el poder bélico del faraón, pero no sabemos si se trata de batallas ocurridas durante una guerra de unificación. En la actualidad sabemos que es posible que la unión de Egipto se produjera antes de su reinado. Ya las etiquetas de la tumba U-j de Abidos, construida cien años antes de la fecha convencional de la unificación, hacen referencia «a los terrenos del rey en Bast» (una ciudad del delta); y el rey conocido como Escorpión II, que vivió antes que Narmer, es representado con las coronas del Alto y el Bajo Egipto en dos mazas diferentes.

¿Pero entonces qué representa la paleta de Narmer? Debido a que los habitantes del Bajo Egipto son representados como enemigos no puede negarse que en tiempos del protodinástico todavía existía un conflicto entre el Alto y el Bajo Egipto. Pero por debajo del (posible) hecho histórico que representa la paleta subyace un conflicto más profundo y trascendental que una guerra entre humanos, la lucha contra el caos. Los egipcios consideraban que el caos se manifestaba en la fauna, la flora y en los extranjeros, que amenazaban constantemente el mundo civilizado. La principal función de un rey egipcio era contener el caos y garantizar el equilibrio cósmico que representa *maat*, y en esta función se basan los principales programas iconográficos de los faraones desde época predinástica hasta el final de la cultura egipcia. No podemos olvidar que la paleta de Narmer fue hallada en un templo y que los actos de guerra de Narmer tienen un significado divino.

La paleta de Narmer es la sublime culminación de una temática de lucha contra el caos, que se había representado originalmente como escenas de caza y contención de la naturaleza y evolucionó hasta convertirse en escenas de triunfo militar. En la misma posición que Narmer, es representado un gobernador en una cerámica hallada de la tumba U-239 de Abidos datada de Nagada I, y también en la pintura de la tumba 100 de Hierakómpolis. Así se representan también los siguientes faraones, ya hayan sido militarmente activos como Tutmosis III o Ramsés II; o no, como Tutankhamón, que debido a su edad nunca combatió realmente, pero que en el cofre para sandalias hallado en su tumba se representa venciendo a una turba de enemigos.

Algunas de las sandalias de Tutankhamón fueron decoradas con figuras de enemigos. Era un modo muy gráfico de representar al faraón luchando contra el caos, literalmente pisando a sus enemigos. Este tipo de representación se va a convertir en un motivo recurrente de la iconografía regia, y lo vamos a encontrar en muchas esculturas (Figura 72) y templos (como Abu Simbel), donde el trono posa los pies en un escabel decorado con filas de enemigos atados. Tal vez esta sea la explicación a la reiterada presencia del portasandalias y la escena del toro pisando a su enemigo.

3

El Reino Antiguo.
El tiempo de las pirámides

DJOSER Y LA PRIMERA PIRÁMIDE

Las dos primeras dinastías de Egipto reciben el nombre de tinitas porque tienen su origen en la ciudad de Tinis, y hacia mediados del III milenio a. C. el rey Nebka inaugura la dinastía III y el período que conocemos como Reino Antiguo. Pero ha sido su sucesor Djoser, del que existen muchos más datos, quien ha sido señalado como el verdadero arquitecto del Reino Antiguo y del tiempo de las pirámides.

Desde el principio el rey Djoser se preocupó por mejorar la administración del país y lograr un reino centralizado, con el poder político y religioso concentrado en la figura del monarca. Durante el reinado de Djoser, Menfis sustituye a Tinis como capital de Egipto y desde entonces, Menfis va a ser la capital histórica de

Egipto y el lugar donde todos los faraones se coronan y muchos se entierran, a pesar de que la capital política se va a trasladar en varias ocasiones. Esta ciudad se encontraba cerca de la frontera entre el Alto y el Bajo Egipto, cerca del actual El Cairo, y su elección como capital podría ser un indicio de la necesidad del rey de ocupar un espacio central de Egipto para controlar a las élites locales. No en vano uno de los nombres con el que los egipcios conocieron a Menfis fue con el de «Balanza de las Dos Tierras».

Djoser también llevó a cabo una importante renovación en el plano religioso promoviendo el culto a la divinidad solar Ra. Los egipcios reconocieron el gran poder del disco celeste que cada día desaparecía para renacer trayendo de nuevo consigo luz, calor y, en definitiva, esperanza de vida y resurrección. A este poder lo llamaron Ra, y lo representaron como una figura con cuerpo humano y una cabeza de halcón que lleva un disco solar. El volador halcón era una metáfora perfecta para el viajero Sol, y fue incorporado también a la simbología real para legitimar su posición cercana a los dioses y el privilegio (solo para los reyes en el Reino Antiguo) de ascender al cielo y vivir por siempre.

La magnífica tumba que Djoser mandó construir con ayuda de su visir Imhotep es la síntesis perfecta de la revolución política e ideológica que supuso su reinado. El sitio elegido para construirla fue Saqqara, el cementerio más importante de Menfis, donde también se habían enterrado algunos de sus predecesores en el trono. Arquitectónicamente es un edificio único, el origen de muchas de las características arquitectónicas del antiguo Egipto. Es la primera pirámide construida, el primer edificio construido en piedra y también el primero relacionado con el culto solar.

Pirámide escalonada de Djoser en Saqqara
[Figura 19]

Lo primero que destaca de ella es la forma que le ha valido el sobrenombre de «Pirámide Escalonada». Se trata del primer paso en la formación de las pirámides perfectas, de caras lisas, que va a tener su cénit en las pirámides de Keops, Kefrén y Micerinos en Giza. Su estructura nace de la forma de una mastaba cuadrada a la que se van superponiendo otras de igual forma, pero de menor tamaño hasta alcanzar el punto en que es imposible continuar. En su forma final, la Pirámide Escalonada estaba formada por seis escalones, pero bajo ellos se esconde un secreto. Una pirámide aún más antigua, con la misma estructura pero solo cuatro escalones, la auténtica pirámide primigenia de Egipto que el mismo Djoser mandó construir y ampliar posteriormente.

La pirámide es solo el núcleo de un vasto complejo funerario de aproximadamente 540 x 280 m rodeado por un muro de más de diez metros de altura. En su cara exterior, el muro presentaba estructuras salientes a intervalos regulares, el tipo de decoración conocida como fachada de palacio que hemos visto en la paleta de Narmer y que posteriormente va a ser muy frecuente también en ataúdes. Al interior del recinto solo se podía acceder por una puerta situada en el lado sudeste, pero como también ocurre en tumbas privadas y ataúdes se representaron catorce «falsas puertas» en la muralla. Tras atravesar la puerta se recorría una galería cubierta decorada por columnas adosadas al muro que terminaba en el patio sur, un gran espacio abierto con la pirámide en el extremo septentrional. La pirámide escalonada es maciza y la cámara sepulcral, construida en granito y decorada con placas vidriadas, se encontraba al final de un pozo de casi treinta metros de profundidad construido bajo la pirámide.

El complejo funerario de Djoser era una obra sin precedentes. Pero ¿por qué invertir tantos esfuerzos en construir una tumba? Aunque no hay consenso absoluto, parece ser que la pirámide es un edificio polisémico. Por una parte alude al símbolo de regeneración que es la montaña que apareció de las aguas primigenias, un fenómeno que los egipcios observaban anualmente en las islas del Nilo. Pero sobre todo tiene un significado solar. Según la creencia funeraria del Reino Antiguo los reyes difuntos ascendían al cielo, y lo hacían mediante una escalera que bien podía ser la pirámide.

El resto del complejo de Djoser estaba formado por una compleja estructura de patios y edificios, algunos útiles, otros simbólicos. Se cree que todos ellos servían para dos fines: uno funerario, otro litúrgico. Unos aseguraban el cumplimiento de los ritos que permitían que el faraón difunto obtuviera las ofrendas funerarias y pudiera vivir como un dios, otros eran el escenario de la fiesta *heb-sed* (o jubileo real).

El *heb-sed* era una fiesta que duraba una semana y que se celebraba por primera vez tras los primeros treinta años de reinado de cada faraón y después cada tres años. El objetivo original de la ceremonia era demostrar que el rey todavía poseía el vigor necesario para liderar a su pueblo, y para ello debía realizar una serie de pruebas físicas.

El origen de esta fiesta probablemente sea tan viejo como la misma realeza, cuando la esperanza de vida era realmente baja y los grupos humanos habitaban un espacio hostil que obligaba a los individuos a mantener un gran estado de fortaleza física para sobrevivir. Pero esta fiesta se mantuvo durante miles de años y su significado fue variando, adoptando una simbología religiosa, reivindicativa y regenerativa, lo que explica su inclusión en tantos monumentos funerarios del antiguo Egipto.

Una escultura de Djoser representa al rey con el vestido ritual del *heb-sed*, un vestido blanco que cubre por completo al rey desde el cuello hasta los pies. Esta escultura se encontraba en el interior del *serdab* y servía como doble del difunto, permitía que el rey escuchara los himnos que le dedicaban y recibiera los alimentos que le ofrecían.

Escultura de Djoser en el interior del *serdab*
[Figura 20]

También permitía que el rey (su escultura) observara el firmamento al que asciende después de muerto, ya que el *serdab* es un habitáculo de piedra completamente oscuro y cerrado salvo por dos orificios alineados con los ojos de la escultura y el cielo.

La pirámide fue diseñada por Imhotep, a quien Manetón identifica como el inventor del arte de construir en piedra. Esto no es del todo cierto, ya que algunas partes de edificios anteriores ya habían usado la piedra, pero tampoco es falso. La pirámide de Djoser es el primer edificio de la historia que tiene como material de construcción principal la piedra. Y sus implicaciones no son solo tecnológicas, la piedra era un material de prestigio, caro y monopolizado por el rey. Manufacturando la piedra y diseñando un edificio de forma compleja el rey adoptaba una función de demiurgo, ya que para poder usarse en una construcción, la roca (natural-caótica) debía extraerse fuera de los límites de la civilización y convertirse en piedra (artificial-ordenada). A partir de que los reyes empezaran a construir sus tumbas en piedra, la aspiración de los nobles fue emularles y que el rey les obsequiara con una tumba construida en piedra con un ajuar, sarcófagos y estelas de falsa puerta, también de piedra.

Como vemos en las biografías funerarias, algunos nobles lo consiguieron. Lo que por supuesto nunca tuvieron fue una pirámide, pero tampoco la necesitaban. Según la creencia funeraria del Reino Antiguo únicamente el faraón, que era hijo de un dios y también dios él mismo, tenía la capacidad de abandonar la tumba y ascender al cielo después de haber muerto. Aunque para este período únicamente conocemos la creencia histórica (oficial), cabe preguntarse hasta qué punto fue aceptada una configuración tan limitada del más allá por el resto del pueblo.

IMHOTEP Y LOS ESCRIBAS

Egipto no construyó las pirámides,
las pirámides construyeron Egipto

La célebre sentencia que encabeza este apartado es una de las reflexiones más agudas sobre el Egipto del tiempo de las pirámides. En el estudio de estos monumentos generalmente ha trascendido más la complejidad técnica, sin tener en cuenta el colosal aparato estatal que debe existir para coordinar adecuadamente mano de obra, horarios, funciones, manutención, materiales de construcción, etc. La revolución arquitectónica de las pirámides es solo el resultado más admirable de un cambio social invisible pero de consecuencias mayores: la maduración de un Estado plenamente formado, capaz de formar profesionales especializados, explotar y administrar los recursos de todo un país; y organizar, coordinar y abastecer inmensos grupos de trabajo.

El instrumento más importante para esta nueva administración fue la escritura. Aunque en Egipto la escritura apareció muchos siglos atrás y en contextos religiosos, es en el Reino Antiguo cuando da un salto definitivo en su utilidad y se consolida como una de las herramientas imprescindibles del Estado. Para manejarla, en el Reino Antiguo la corte ya cuenta con funcionarios especializados, los escribas. Estos codiciados puestos no eran hereditarios, sin embargo requerían de una larga formación que solo estaba al alcance de una minoría. Por ello en el Reino Antiguo la administración egipcia estaba formada por un círculo estrecho cercano al rey.

El rango de esta nueva clase llegó a ser tan importante que algunos escribas llegaron a poseer tumbas notables y sus propias esculturas, algunas de las cuales se cuentan entre las obras más extraordinarias del Reino Antiguo, como los relieves de la mastaba de Hesire, el escriba del Museo de El Cairo y el escriba del Louvre, todas procedentes de la necrópolis de Saqqara. Los escribas solían vestir una falda corta conocida como *shenti*, que al sentarse y cruzar las piernas se tensaba y le servía de apoyo. Sobre el shenti colocaban un papiro que comenzaban por la derecha y enrollaban según fueran necesitando más espacio. Y solían utilizar varios colores para enfatizar las partes más importantes. Sus instrumentos eran una paleta con agujeros para almacenar la tinta y colocar el pincel. Este era un cálamo de caña cuyo extremo se masticaba para separar las fibras. El papiro era un soporte caro usado solo por escribas profesionales para la creación de documentos oficiales, mientras que para

El escriba sentado del Louvre. Esta escultura funeraria de piedra caliza representa a un escriba en el ejercicio de sus funciones.
[Figura 21]

el aprendizaje se usaban pequeños trozos de cerámica fragmentada conocidos como *ostraka*.

El entrenamiento de escriba era largo y complejo, pero su puesto, semejante al de funcionario del Estado, llegó a ser uno de los más importantes y codiciados en el antiguo Egipto. Los beneficios del trabajo intelectual del escriba, respecto a otros trabajos manuales, están recogidos en muchas obras, pero la más ilustrativa es la

Sátira de los oficios recogida en la obra de José Miguel Serrano Delgado:

> He visto a los que han sido apaleados. ¡Aplícate a los libros! He visto a los que fueron llamados al trabajo. Mira, nada hay mejor que los libros; son como un barco en el agua [...]. El alfarero ya está bajo tierra, aunque aún entre los vivos. Escarba en el lodo más que los cerdos, para cocer sus cacharros. Sus vestidos están tiesos de barro [...]. Te hablaré también del albañil. Sus lomos son un castigo [...]. Te hablaré igualmente del pescador. Es más miserable que ninguna otra profesión. Trabaja en el río mezclado con los cocodrilos.

Gracias a la educación recibida los escribas podían actuar como embajadores, representantes del Estado o diseñadores. En este sentido la pirámide de Djoser también es excepcional, ya que se conoce el nombre de su arquitecto: Imhotep, el primer artista del que tenemos constancia histórica. Una inscripción describe a Imhotep con los títulos de «Canciller del rey del Bajo Egipto, un subordinado del rey del Alto Egipto, Administrador del Gran Dominio, Administrador de Pat, Sumo Sacerdote de Heliópolis, Maestro Artesano de escultores y canteros». Por si la lista no fuera un honor suficiente, fue grabada en una escultura que representaba al propio rey Djoser.

Y es que Imhotep fue sin duda una persona muy cercana al rey, y la segunda persona más importante de Egipto durante el admirable reinado de Djoser. Pero todos los honores que recibió en vida quedan en nada si se comparan con los que recibió tras su muerte. Su fama de gran sabio fue magnificada por los años. En el Reino Nuevo era reconocido como patrono de los escribas y finalmente, en época Saíta, fue divinizado. En ese momento su fama era tan considerable que se creó en torno a su figura una genealogía divina. Fue nombrado

Figura de Imhotep (período Ptolemaico).
En esta figurilla todos los elementos se conjugan para describir
la naturaleza de Imhotep: el trono le identifica como dios, el
casquete como sacerdote e hijo de Ptah, y el papiro como sabio y
patrón de los escribas.
[Figura 22]

hijo de Ptah, y su madre Khereduankh, hija del dios
Banebdyedet (el dios carnero de Mendes), también fue
divinizada. Su función en el panteón egipcio exaltaba las
virtudes reales que debía poseer un visir, principalmente
la sabiduría y el dominio de la escritura, por lo que fue
venerado por los médicos y asociado por los griegos con
Asclepio. Sus poderes, más mundanos que trascenden-
tes, le convertían en un dios muy cercano y querido por
el pueblo llano, y aunque no se conoce ningún retrato

suyo contemporáneo, se conservan un gran número de estatuillas de Imhotep de época tardía y ptolemaica. En una conmovedora estela de época ptolemaica una mujer de nombre Tjaiemhotep, madre de tres hijas, ruega a Imhotep que le conceda un descendiente varón a cambio de una estatua que embellezca su templo. La plegaria debió de ser escuchada por el divinizado Imhotep, pues la anhelante madre da a luz en el año 46 a. C. a un hijo al que llama Pedibast.

Esnefru y la pirámide perfecta

La pirámide escalonada abría un camino inexplorado para la arquitectura universal en magnitud, materiales y formas, pero también nuevos problemas arquitectónicos. Y quien retomó el camino de las pirámides y se enfrentó a sus problemas fue Esnefru, el primer rey de la IV dinastía.

En una época en la que la construcción de una pirámide era un indicativo de un gobierno próspero encontramos a un rey que ordenó levantar tres, cada una mejorando la anterior. Son en este orden la pirámide de Meidum, la pirámide Acodada o Romboidal y la pirámide Roja las dos últimas en la necrópolis de Dashur. Algunos investigadores defienden que la pirámide de Meidum pudo ser comenzada por el rey Huny, pero en cualquier caso es muy raro que un rey construyera más de una pirámide, tan solo conocemos los casos de Esnefru y Amenehmat III en el Reino Medio.

La principal importancia de las pirámides de Esnefru es que son los ejemplos perfectos para observar el proceso de evolución desde la pirámide escalonada al grupo de Giza. Durante el reinado de Esnefru ya se habían asumido los arquetipos formales, materiales

Pirámide Romboidal
[Figura 23]

y religiosos que habíamos visto por primera vez en la pirámide de Djoser, y se inicia una época de confianza, investigación y búsqueda del perfeccionamiento de la arquitectura piramidal, la pirámide de caras lisas.

La primera pirámide de Esnefru, la de Meidum, consistía en un núcleo de piedra construido sobre una plataforma artificial con forma de pirámide escalonada de siete pisos. Posteriormente esta pirámide fue ampliada hasta ocho alturas y terminada con un recubrimiento liso de caliza de Tura. Los restos conservados actualmente corresponden con parte del quinto y sexto escalón de la pirámide de ocho pisos.

Pero Esnefru quiso construir otra pirámide más y decidió construirla en la necrópolis de Dashur, cerca de la capital. La segunda pirámide de Esnefru, la pirámide Romboidal, fue la primera pirámide diseñada

Pirámide Roja
[Figura 24]

originalmente con las caras lisas. Pero el atrevimiento tuvo sus consecuencias. En el nacimiento de la pirámide, las caras se levantan con una inclinación de 54° 31', pero la aparición de problemas estructurales obligó a los arquitectos a corregir la inclinación de la pirámide si querían que sobreviviera, y a mitad de altura las caras se cierran hasta una inclinación de 43° 21'.

Al menos la experiencia de la pirámide Romboidal sirvió para corregir los errores en la construcción de la siguiente pirámide, la pirámide Roja en Dashur, la primera pirámide perfecta de Egipto. Efectivamente, los fallos llamaban a la precaución, pues la pirámide Roja se construyó con una inclinación muy ligera, 43° 36' cuando el grado de inclinación más frecuente en las pirámides egipcias es de 52° o 53°.

El reinado de Esnefru significó un punto de inflexión en la historia de Egipto, no solo por sus pirámides sino por lo que había detrás de su construcción. Las inscripciones de su reinado nos informan de un Estado boyante, que había iniciado prósperas relaciones con pueblos extranjeros. Con Esnefru la religión también experimentó importantes cambios, y se desarrolló la creencia religiosa solar, de la cual las pirámides son el reflejo perfecto. Había preparado el escenario perfecto para el dichoso reinado de su hijo Keops, el momento de construcción de la Gran Pirámide y de mayor exaltación de la divinidad del rey egipcio.

Todos estos logros permitieron que Esnefru fuera recordado como un rey beneficioso para Egipto. Su culto funerario permaneció activo durante siglos y su legado (y sus obras) permaneció en la memoria de los egipcios, como nos indica la huida de Sinhué atravesando la isla de Esnefru (el nombre para definir su complejo funerario), seiscientos años después.

RA Y EL MITO HELIOPOLITANO DE LA CREACIÓN

El Reino Antiguo es el auténtico tiempo de las pirámides, lo que significa que también es el tiempo del apogeo del culto solar. Ra es el dios más importante del panteón egipcio, y probablemente también el más complejo y resistente a categorizaciones modernas. Es primero y antes de todo un dios solar, cuyo nombre es escrito con el jeroglífico del disco solar (☉). Pero también es un dios demiurgo, protector, destructor y funerario. Es el dios primigenio del panteón egipcio, padre y rey de todos los dioses.

Ra es el dios egipcio con mayor poder del panteón egipcio y es frecuentemente asimilado con el resto de dioses, por lo que los más extremos han llegado incluso a proponer que todos los dioses de Egipto no sean en realidad más que distintas formas de Ra. La capacidad de transformación de los dioses egipcios es difícilmente comprensible para nosotros, que nos hemos criado en una cultura de tradición judeo-cristiana, pero su característica multiplicidad dentro de la unidad de los dioses es perfectamente visible en el libro funerario conocido como la *Letanía de Ra* (un texto funerario que aparece en el Reino Nuevo en tumbas de reyes como Tutmosis II, Seti I y Ramsés III; y nobles, como Useramón). En él se invoca y representa a Ra de setenta y cuatro maneras diferentes, cada una de las cuales representa los diferentes aspectos del dios.

Como dios solar, su presencia es visible y absoluta en un país como Egipto, por lo que no es extraño que fuera adorado desde época temprana y su culto se extendiera rápidamente. La primera evidencia de patrocinio real del templo solar de Heliópolis y de la existencia de la enéada heliopolitana se encuentra en el reinado de Djoser, aunque probablemente se remonte a épocas anteriores, la primera fuente sobre el mito de la creación helipolitano se encuentra en los Textos de las Pirámides. Pero como no existe una fuente única y completa para la reconstrucción del mito este debe ser reconstruido a partir de diferentes fuentes que presentan variaciones en algunos de los pasajes:

Antes del tiempo y del espacio solo existía el nun, una masa de agua oscura, infinita e inmóvil, de la que emergió una colina de piedra.

El primer trozo de materia sólida que existió y sobre el que se inició la creación del cosmos fue llamado *benben* (cuya raíz está emparentada con el verbo *weben*, 'brillar') y se custodió en un recinto del templo de Ra en Heliópolis llamado *hwt benben* ('la casa del *benben*').

Detalle del papiro de Anhay, sacerdotisa de Amón-Ra (XX
dinastía).El dios Nun sujeta la barca solar sobre la que se
encuentra Ra en su forma de escarabajo Khepri. Sobre ellos, Nut
sujeta a Osiris, que recibe el disco solar en el mundo subterráneo
y lo eleva para proveer al mundo de un día más de vida.
[Figura 25]

La súbita aparición de la colina primigenia desde las profundidades de las aguas tenía un paralelo evidente con el resurgimiento anual de las islas y riberas del Nilo cuando terminaba la crecida del río. Como es regla en el arte egipcio, el acuático Nun puede ser representado de forma antropomorfa. En este caso suele aparecer como un varón barbado que sujeta con sus brazos la barca de Ra.

Sobre la colina benben apareció el dios Atum (una forma de Ra, que significa "el Todo") y que según las distintas versiones bien podía nacer de un huevo o aparecer en forma de pájaro *benu*.

Pese a ser el dios primigenio, Atum fue relacionado con un aspecto concreto del ciclo solar. El escarabajo Khepri fue el símbolo del joven sol que nace cada amanecer; Ra-Horakhty, el del radiante sol en su cénit; y Atum, en el anciano y moribundo sol del atardecer. El pájaro *benu* fue asimilado con una garza, un ave de costumbres migratorias que regresaba a Egipto en la época de la inundación. Este comportamiento le valió para ser considerado un símbolo de regeneración, y como tal, también puede aparecer junto a Osiris, el rey del más allá egipcio. La historia del pájaro *benu* valió de inspiración a los autores grecolatinos para crear la historia del ave fénix.

Estando solo en la colina primigenia Atum crea a sus hijos Shu y Tefnut por medio de un estornudo, escupitajo o la masturbación, según la versión. Shu y Tefnut fueron la primera pareja de dioses sexualmente diferenciados, y pudieron gestar a sus hijos Geb y Nut del modo acostumbrado.

La existencia de Shu y Tefnut es la primera evidencia mitológica de la típica división dual de opuestos complementarios que rige la mentalidad egipcia. Shu, el hijo, encarna el poder del aire seco: conservación-tiempo cíclico (*neheh*). La hija Tefnut por su parte representa el aire húmedo: corrosión-tiempo lineal (*djet*). La imagen de la creación tuvo una forma especial de representación mediante la divinidad *ruty*, dos leones (Shu y Tefnut) que se dan la espalda, sobre las que se acomoda una colina tras la que aparece el sol (Atum).

Igual que sus padres, Geb y Nut representaron el orden del mundo a través de la existencia de opuestos. Geb se convirtió en la tierra seca y Nut en el cielo. Durante el Tercer Período Intermedio la escena de la separación del cielo y la tierra fue frecuentemente representada en papiros y ataúdes. Se trata de una imagen en todo dependiente del mito, tal y como podemos ver en la recitación 76 de los Textos de los Ataúdes:

> Yo llevo a mi hija Nut sobre mí, se la doy a mi padre Atum en su dominio, yo coloqué a Geb bajo mis pies.
>
> *The Ancient Egyptian coffin texts*
> R. O. Faulkner

En la representación prototípica de esta parte del mito, Shu (la atmósfera), que aparece como un hombre tocado con una pluma en la cabeza, separa a Geb (la tierra), representado generalmente yacente, itifálico, verde y fértil; de Nun (el cielo), una mujer de cuerpo azul lleno de estrellas que solo con las puntas de los dedos y pies llega a tocar el suelo y se acomoda formando una bóveda.

Ra fue el primer rey del recién ordenado cosmos, pero tras enfadarse con la humanidad decidió abandonar la tierra y ascender al firmamento. Desde entonces y para siempre Ra viaja a bordo de una barca atravesando el cielo durante el día. Sin embargo, no hay unanimidad sobre el itinerario nocturno de Ra y existen varias

Shu separa a Geb y Nut en el papiro Greenfield
[Figura 26]

versiones, como el *Libro del Amduat*, el *Libro de las cavernas* o el *Libro de la noche*. A pesar de sus diferencias, todos concuerdan en el argumento, es un viaje plagado de peligros que Ra supera cada noche. El sentido principal del mito es sin duda funerario, y así lo demuestra su ubicación en las tumbas. Cada noche Ra encuentra y vence los peligros que amenazan su viaje nocturno y navega por el día hasta que llega de nuevo al mundo subterráneo en el que cada día sus enemigos vuelven a resurgir. Esta eterna victoria, materializada en el amanecer, es el paralelo mítico que aporta esperanza de renacimiento al difunto.

Las consecuencias rituales del mito dibujan una estructura circular muy propia del mundo egipcio. El orden natural de naturaleza terrestre y cuerpos celestes se traslada al discurso mitológico, y regresa a la tierra de los vivos transformando la geografía física de Egipto

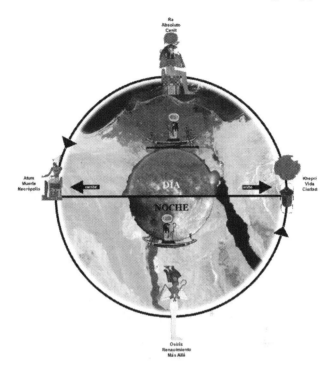

Los egipcios interpretaron la naturaleza y sus cambios como algo
más trascendental que simples procesos físicos. El ciclo solar es
el más importante de ellos, pues es la base de la creencia en el
tiempo circular (nḥḥ), el momento de la creación eternamente
repetido y la posibilidad de renacimiento.
[Figura 27]

en geografía simbólica. Las necrópolis egipcias se cons-
truyen en la orilla occidental del Nilo, pues la muerte
es un viaje relacionado con el viaje de Ra por el infra-
mundo, por eso, los templos se orientan de manera que
el sol se alinee cada mañana con los pilonos y reproduzca el
momento de la creación.

De Geb y Nut nacieron Osiris, Isis, Seth y Neftis, con lo que sumaban nueve dioses existentes. En el antiguo Egipto el número tres era un indicador de multiplicidad y la forma más común de organización familiar en el mundo divino. Ejemplos notables son la tríada tebana, compuesta por Amón, Mut y su hijo Jonsu; y la de Elefantina, formada por Jnum, Satet y Anuket. Siguiendo este patrón, el número nueve (tres veces tres) era símbolo del «todo». Con la generación de Geb y Nut el mundo está completo y finaliza la cosmogonía en sentido estricto. Las luchas de sus hijos servirán para organizar el mundo de los hombres, muertos y vivos, pero sin llegar a modificar el orden del cosmos que heredaron. Gracias a la enéada heliopolitana, en la cuarta generación de dioses el cosmos, el mundo y el más allá ya habían sido organizados y los hombres podían regirse por sí mismos.

El nombre con el que hoy conocemos a este grupo de dioses se debe a la sede principal del culto de Ra, la ciudad de Heliópolis, que fue conocida como Iunu por los egipcios, y rebautizada por los griegos como Heliópolis ('Ciudad del Sol') debido a la asimilación entre los dioses Ra y Helios. Si Memphis fue la primera capital política, administrativa y económica del Egipto unificado, Heliópolis fue el centro religioso e intelectual por excelencia del Egipto antiguo. La importancia de Heliópolis motivó que faraones de todas las épocas engrandecieran la ciudad enriqueciendo los templos, la razón de su gloria durante la Antigüedad y su ruina durante la Edad Media, cuando sus monumentos fueron desmantelados para la construcción de la nueva ciudad de El Cairo. Algunos de los monumentos reutilizados durante la Edad Media son aún visibles para viajeros observadores, como el obelisco de Sesostris I o el dintel con la titulatura de Ramsés II aprovechado para construir la puerta este de Wakala de Amir Qawsun. Pero aún así Heliópolis no es un yacimiento amortizado y en El Cairo continúan apareciendo importantes sorpresas arqueológicas.

EL GRUPO FUNERARIO DE GIZA

No todo es cuestión de tamaño, pero hay que reconocer la capacidad de los egipcios quienes, en apenas un siglo, pasaron de los 62 metros de la pirámide escalonada de Djoser a los casi 147 de la pirámide de Keops. Se conocen alrededor de cien pirámides en Egipto y Sudán, aunque ninguna alcanza la magnitud y magnificencia del grupo de pirámides de Giza, de la IV dinastía, la autentica época de las pirámides. Ha sido la necrópolis de Giza, con sus pirámides y su esfinge, el conjunto que más ha fascinado a los estudiosos y visitantes de Egipto, y el que más ha forzado su imaginación. En la Edad Media se pensó que eran los graneros de José, y las teorías modernas son, si cabe, mucho más atrevidas… Pero atengámonos a los datos reales.

Tras la muerte de Esnefru, el trono de Egipto pasó a Keops, el hijo que el rey había tenido con su esposa principal, Hetepheres I. Keops trasladó la necrópolis real a Giza, una meseta con resistencia suficiente para aguantar el peso de las pirámides y cerca de la capital Menfis. Sí que continuó con la tradición de enterramiento en pirámide, pero apoyado en los avances obtenidos en los tiempos de su padre, elevó su pirámide hasta donde nadie había llegado; con 147 metros de altura, fue el edificio más alto del planeta durante casi cuatro milenios. Hoy en día la pirámide de Keops ha menguado aproximadamente nueve metros. También ha perdido volumen debido al reaprovechamiento de la piedra caliza con la

Las pirámides representadas como los graneros de la historia
bíblica de José en la catedral de San Marcos en Venecia
[Figura 28]

que fue recubierta. Pero originalmente cada lado de la
pirámide medía doscientos treinta metros y pico. En un
edificio del siglo XXVI a. C. construido con más de dos
millones de bloques, y cuya base ocupa un área de más
de cinco hectáreas, la diferencia entre el lado más largo
y el más corto es de menos de ocho centímetros. Los
sucesores de Keops también construyeron sus tumbas en
forma de pirámide. Su sucesor Djedefra decidió construir su tumba en el cementerio de Abu Roash, a unos
ocho kilómetros al norte de la meseta de Giza, pero se
conserva en muy mal estado. Su hijo Kefrén regresó a
Giza. Originalmente su pirámide medía 143 metros,

Las tres pirámides reales de la meseta de Giza. De más cercana a más lejana aparecen la de Micerinos, la de Kefrén y la de Keops.
[Figura 29]

tres menos que la de Keops, pero Kefrén aprovechó la existencia de una plataforma elevada en la meseta para construir su pirámide y que diera la sensación de ser más alta. Su heredero Micerinos construyó la última pirámide real de Giza, la pequeña del grupo, sesenta y seis metros de altura.

La estructura interior de la pirámide de Keops contiene tres cámaras independientes, conocidas como la cámara subterránea, la cámara de la reina y la cámara del rey. Arquitectónica e históricamente la cámara más importante es la del Rey, que como su nombre indica, contenía el sarcófago con la momia del rey. La cámara del rey se encuentra en el corazón mismo de la pirámide, al final de un pasillo de 46,6 metros de longitud y 8,5 de altura conocido como la Gran Galería. Está

93

Estructura interna de la pirámide de Keops, dibujada por Étienne
Drioton en 1939
[Figura 30]

construida en granito y tiene una superficie aproximada
de 10,5 x 5,2 metros y una altura de 5,8 metros. El techo
está formado por nueve bloques de más de cuatrocientas
toneladas cada uno, y sobre él descansan cinco cámaras de descarga, la última de las cuales tiene un techo a
doble vertiente. Las pirámides de Kefrén y Micerinos,
sin embargo, tienen un cuerpo completamente macizo,
y las cámaras son subterráneas.

Se ha intentado identificar al arquitecto de la
Gran Pirámide, y el principal sospechoso es Hemiunu,
nieto de Esnefru y sobrino del rey Keops que ocupaba
el puesto de visir y de jefe de todos los trabajos de
construcción del rey. Hemiunu fue enterrado en una
tumba en forma de mastaba (G4000) construida en el
cementerio occidental de Giza, cerca de la pirámide de

Escultura de Hemiunu, sobrino del rey Keops, y probablemente
el arquitecto de su tumba
[Figura 31]

Keops. A pesar de haber sido saqueada en la Antigüedad,
su tumba todavía contenía una escultura prácticamente
intacta cuando fue desenterrada por arqueólogos.

Es curioso observar el legado de Keops, pues tan
solo se conservan dos testimonios materiales de su existencia, una pirámide de más de 146 metros de altura y
una figurita de apenas 7 centímetros. Esta escasez puede
ser el resultado de una *damnatio memoriae*. Como ha

ocurrido en tiempos modernos, también la Antigüedad tuvo sus propias leyendas que explicaban la construcción de la Gran Pirámide: Heródoto (II, 126, 1) llega a afirmar que el rey Keops prostituyó a una de sus hijas a cambio de piedras. Por supuesto que Heródoto vivió más de dos mil quinientos años después de Keops y que no tenemos ninguna razón para creerle, pero sí es una muestra de la mala reputación que legó la Gran Pirámide de su inquilino, pues durante muchos años se ha pensado que una obra tan vasta solo podía ser obra de un ser déspota y esclavista.

Pero durante recientes excavaciones en el puerto de Wadi el-Jarf se descubrieron cientos de fragmentos de papiros de finales del reinado de Keops, conocidos como Papiros del Mar Rojo, una parte de los cuales corresponde al llamado Registro de Mener. Aunque lamentablemente estos papiros no nos dan datos sobre la técnica de construcción de las pirámides, sí detallan cómo fue el pago a los jornaleros, los alimentos que recibieron, la procedencia de la piedra y su transporte hasta Giza. En el momento en que el Registro de Mener fue escrito, probablemente estaba en progreso el trabajo de revestimiento de las pirámides con piedra caliza de Tura, que hoy ha desaparecido casi por completo. Para la realización de esta operación, un equipo de cuarenta barqueros, bajo la dirección del inspector Mener, realizaba cada diez días dos o tres viajes de ida y vuelta con varias embarcaciones entre las canteras de Tura y la meseta de Giza.

El Registro de Mener ayuda a desmontar uno de los mitos más extendidos de la historia de Egipto, que las pirámides fueron construidas por esclavos. Lo cierto es que la construcción de una pirámide era un impulso económico y que los reyes del Reino Antiguo no tuvieron nunca la necesidad de recurrir a la esclavitud para garantizar mano de obra. Ya que el Estado poseía las tierras y riquezas del país y controlaba el sistema de reparto de tierras, no había mejor cliente que el rey.

Pero las pirámides no son más que la enorme punta del iceberg de un complejo funerario mayor. La estructura canónica de un complejo piramidal incluye templo del valle (o templo bajo), templo funerario (o templo alto), calzada, muralla y pirámide. A la estructura esencial para el cumplimiento de los ritos funerarios hay que añadir tumbas subsidiarias y la estructura para la construcción, puertos, canales, cultivos, casas para obreros, oficina de escribas, etcétera.

Así, si partiéramos desde el Nilo en época antigua, lo primero que encontraríamos al llegar a Giza serían los templos del valle, en la orilla misma del río. A través de una larga calzada procesional estos comunicaban con los templos funerarios, que se construyeron a los pies de las caras este de las pirámides.

En el templo del valle se realizaban rituales de embalsamamiento, de purificación del cuerpo y el ritual de apertura de la boca. En este ritual se ungía a las esculturas del rey y se les golpeaba en la boca con unos instrumentos para que asumieran las funciones digestivas de un *ka* y pudieran alimentarse de las ofrendas. El templo del valle mejor conservado es el de Kefrén, un edificio de planta cuadrada de cuarenta y cinco metros de lado y muros de caliza cubiertos con granito rosa. El templo del valle de Micerinos fue terminado con ladrillos, por lo que hoy se conserva en muy mal estado. Sin embargo, debía estar ricamente adornado y en las excavaciones del templo se encontraron las famosas tríadas de Micerinos, esculturas que representan al rey en compañía de la diosa Hathor y un nomo personificado; y la escultura de Micerinos con su esposa Jamerernebty II.

Los templos funerarios se construían junto a la pirámide, ya que en ellos se realizaban los ritos y ofrendas

Tríada de Micerinos. Esta escultura representa al rey entre la
diosa Hathor (izq.) y una representación antropomorfa del *nomo*
de Cinópolis (der.).
[Figura 32]

dedicados a los difuntos. Aunque los tres de Giza son diferentes, coinciden en las partes esenciales que permiten la realización del culto funerario, un gran patio columnado y sin techumbre, nichos para esculturas, almacenes y un santuario.

LOS TEXTOS DE LAS PIRÁMIDES

Las pirámides de Giza marcaron el punto máximo de la arquitectura durante varios milenios, y como los monarcas de la V dinastía no pudieron superar las pirámides de sus predecesores en tamaño, idearon una nueva forma de prestigio y diferenciación, la inclusión de los Textos de las Pirámides en sus tumbas. Los Textos de las Pirámides son un conjunto de textos mágicos y rituales que facilitan la apoteosis del rey y su unión con Ra.

El primer monarca que incluye los Textos de las Pirámides es Unis (o Unas). Su tumba es la última pirámide real de la V dinastía, pero los textos también se van a grabar en pirámides de la VI dinastía (Teti, Pepi I, Mernete, Pepi II y sus esposas) y en una pirámide de la VIII (Ibi). Pero su origen es una incógnita, ¿habían sido redactados ex profeso para Unis o existían antes de fijarse por escrito y se habían transmitido por tradición oral?

Los llamados Textos de las Pirámides fueron grabados por primera vez en las paredes laterales de la pirámide de Unis. La decoración del techo a imitación de un cielo estrellado encaja con el mensaje de idea de ascensión del rey tras su fallecimiento que se encuentra en los Textos de las Pirámides.

Cámara funeraria de Unis.
[Figura 33]

Quizás las dos respuestas sean afirmativas, ya que lo que hoy conocemos como Textos de las Pirámides no es una obra de carácter unitario, sino la recopilación de textos de procedencias y antigüedades muy diversas, y probablemente reelaborados para los reyes. Aunque el significado general y la figura principal del texto, Atum-Ra, coinciden con las creencias heliopolitanas dominantes en el Reino Antiguo, existen recitaciones de sentido arcaico y contradictorio. El más famoso de estos textos es el llamado Himno Caníbal, según el cual, el rey incorpora las características de quien devora:

> Es Khonsu quien mata a los Señores, quien los estrangula para Unas, quien extrae para él lo que hay dentro de sus cuerpos. Es Shesmu quien los trocea para Unas, quien prepara con ellos para él un guiso en sus calderos de la tarde [...]. Unas se alimenta de los pulmones de los Sabios, y queda saciado viviendo de sus corazones y su magia.
>
> *Textos para la historia antigua de Egipto*
> J.M. Serrano Delgado

Los Textos de las Pirámides son el primer conjunto de textos funerarios conocidos del antiguo Egipto, e inician una tradición que va a evolucionar por distintas vías pero solo va a desaparecer junto con la propia cultura egipcia.

LA DESINTEGRACIÓN DEL ESTADO EGIPCIO

El papiro Westcar (posiblemente una copia del Segundo Período Intermedio de un documento anterior), incluye una leyenda sobre el origen de la V dinastía. Durante el reinado de Keops un mago de su corte llamado Djedi descubre que los tres primeros reyes de la V dinastía eran hijos de Ra y una de sus sacerdotisas. Como acierta a contar el papiro Westcar, la dinastía V es el tiempo por excelencia de los cultos solares. Esto se refleja en los nombres de los reyes, que asociaron al del dios Ra, y también en el tipo de templo principal de la V dinastía, el templo solar. Ejemplo para ambos casos es el rey Niuserra, que construyó una pirámide en Abusir para

A los pies del templo de Niuserra se encuentra un altar formado por cinco bloques. El central es un bloque circular con la forma del jeroglífico Ra ('Sol'), rodeado por cuatro bloques con la forma del signo jeroglífico *hetep* (▱ 'ofrenda'). La entrega de ofrendas a los dioses era el acto central del culto egipcio.
[Figura 34]

el reposo de sus restos, pero además construyó en Abu Gurab un templo solar dedicado a Ra.

El complejo del templo solar de Niuserra tiene algunas similitudes con los complejos piramidales, como la existencia de un templo del valle conectado con el templo principal por una larga calzada procesional, pero (según la reconstrucción propuesta) posee importantes diferencias arquitectónicas derivadas del apogeo del culto solar. El cuerpo principal del templo consistía en un piso de paredes inclinadas rematado con una construcción vertical con forma de obelisco ancho y achatado que se ha relacionado con la piedra *benben*, la piedra sagrada de Heliópolis que simbolizaba la colina primordial sobre la que cayeron los primeros rayos de sol.

Los faraones de la V y VI dinastía continuaron la tradición funeraria real de enterramiento en pirámides. Sin embargo, se tuvieron que ahorrar el titánico esfuerzo de construir con bloques de piedra, que frecuentemente sustituyeron por ladrillos. Por esta causa, las pirámides de este período hoy se asemejan a informes montículos de escombros, es la imagen de la decadencia política de Egipto tras el apogeo de la IV dinastía.

El rey Teti I inaugura la VI dinastía de Egipto, la última del Reino Antiguo, de la peor forma posible. Según Manetón, es asesinado por sus guardaespaldas. Sus sucesores tampoco tuvieron un destino mucho mejor y tan solo Pepi I y Pepi II consiguieron reinar más de cinco años (muchos más, eso sí).

Aún no está suficientemente claro cómo se produce la transición entre el Reino Antiguo y el Primer Período Intermedio. Se han propuesto tres causas para entender la caída del Gobierno real al final del Reino Antiguo: invasiones, ecológicas y sociales. La primera teoría defiende que la caída del Gobierno real fue provocado por la llegada de pueblos asiáticos, aunque no hay evidencias arqueológicas de grandes destrucciones asociadas a esta época. La causa ecológica está basada principalmente en la literatura de las tumbas, como la de Ankhtify, que aluden a malas crecidas, sequías y hambrunas:

> Todo el Alto Egipto se moría de hambre, hasta el punto de que todo hombre se comía a sus hijos. Pero yo no permití que nadie muriera de hambre en este nomo. He proporcionado préstamo (de cereal) al Alto Egipto…
>
> *Textos para la historia antigua de Egipto*
> J. M. Serrano Delgado

El problema de estos textos es que la historia que se cuenta no pretende ser real, sino que se modifica para que sirva de marco simbólico para alabar las acciones del difunto, y las hambrunas son un *leit motiv* de la literatura biográfica egipcia. Dando «pan al hambriento, de beber al sediento y ropa al desnudo» el difunto mostraba su virtud y buen comportamiento y allanaba su paso por la corte de Osiris.

Hoy se tiende, por tanto, a pensar que el fin del Reino Antiguo se debe a factores sociales internos, que sin embargo sí pudieron fortalecerse con una crisis ecológica o invasiones. Pero a este respecto las noticias son contradictorias. Una de las fuentes más importantes es la biografía de Uni, un personaje que fue ocupó los cargos más importantes de la administración durante los reinados de Pepi I, Merenra I y Pepi II. Según este texto, Uni lidera campañas en Nubia y Palestina y también realiza obras complejas para facilitar el contacto de Egipto con el exterior, como la creación de un canal paralelo al Nilo en el Alto Egipto para evitar el paso por la primera catarata.

Estos proyectos necesitaban de un gran número de mano de obra, un suministro de víveres estable y una administración compleja, o lo que es lo mismo, un gobierno próspero. Un gobierno no era solo promotor de las obras, sino también el beneficiario de la misma, y hasta aquí nada hace indicar la crisis anunciada.

Pero Uni también nos informa del complot de la gran esposa real Weret-yamtes contra el rey Pepi I. Sin duda este hecho favoreció a una de las familias más poderosas de Egipto, la del nomarca Khuy. Durante el reinado de Pepi I es innegable el inmenso poder que las élites provinciales habían adquirido, y también la imposibilidad del rey de ponerles freno, ya que en lugar de hacerles frente, cada vez se les otorga más concesiones y derechos. Nebet, la esposa de Khuy, es la primera mujer nombrada *chaty* (visir) en la historia de Egipto, y sus

Estatuilla de alabastro de la reina Ankhesenmeryra II
y su hijo Pepi II
[Figura 35]

hijas contrayeron matrimonio con Pepi I, dando a luz a los sucesores del rey de Egipto, Merenra I y Pepi II.

Pepi II murió alrededor de los cien años, y fue rey durante alrededor de noventa años. La duración de su reinado es un récord absoluto (el más largo de la historia), pero probablemente también supusiera un problema. Es posible imaginar los problemas de la monarquía durante los últimos años del reinado de Pepi II, gobernadores locales cada vez más poderosos y un rey demasiado anciano para imponerse de forma efectiva.

A finales de la VI dinastía los gobernantes locales actuaron de manera totalmente independiente y algunos incluso usurparon símbolos y prerrogativas civiles, militares y religiosas de los reyes. Pocos años después de la muerte de Pepi II, Egipto se divide en numerosos minirreinos a cargo de nomarcas, es el inicio del Primer Período Intermedio. Inscripciones como las Ankhtify nos indican la existencia de ejércitos al servicio de los nomarcas, mientras que otros gobernadores van más allá y crean un calendario en función de su gobierno.

Pero no solo los nomarcas se aprovecharon de la coyuntura, una nueva sensibilidad religiosa estaba naciendo y los egipcios ya no iban a aceptar que únicamente los reyes pudieran disfrutar de la vida en el más allá. Aunque el Reino Medio devolverá la *normalidad* gubernamental a Egipto, los cambios religiosos supondrán una revolución sin retorno. Durante el Primer Período Intermedio el rey va a dejar de ser el único interlocutor entre los dioses y el pueblo, los nomarcas asumieron sus funciones religiosas, fundando y dirigiendo templos, y declarando haber sido elegidos por voluntad divina. Pero lo más importante es que estos cambios también llegaron al pueblo, que de la mano de la nueva creencia osiriaca tuvieron acceso al más allá y al desarrollo de la piedad personal.

4

Egipto en guerra. Tebas contra Heracleópolis

Es imposible negar la decadencia de la monarquía desde el final del Reino Antiguo y durante el Primer Período Intermedio, sin embargo, es más difícil calcular si la calidad de vida de todos los egipcios también empeoró, considerando que siempre se debe tener en cuenta el valor simbólico en los textos funerarios. Hoy en día se tiende a pensar que el título de Primer Período Intermedio es inapropiado porque define con un carácter negativo un período de descentralización política y falta de documentación histórica, pero social y culturalmente revolucionario y rico.

Según Manetón el Primer Período Intermedio comienza con la enigmática VII dinastía, que probablemente no existió (cuenta que reinaron setenta reyes en setenta días), y la desconocida VIII dinastía. Aunque la corte de Menfis todavía tenía el prestigio político y religioso heredado del Reino Antiguo, el poder efectivo de sus reyes se debía limitar a unos pocos kilómetros alrededor del territorio de la ciudad, como el de cualquier otro nomarca.

Finalmente, hacia el año 2160 se funda la IX dinastía (la IX y la X dinastía tienen el mismo número de reyes, que son prácticamente desconocidos, por lo que probablemente la X dinastía no exista y sea la misma que la IX), con origen en el *nomo* de Henen-nesut, más conocido por el nombre griego de Heracleópolis Magna. La ciudad se encontraba a ciento cincuenta kilómetros al sur de Menfis, junto a la rama del río que se dirigía al oasis del Fayum, una posición privilegiada que permitía controlar los recursos del oasis y las rutas caravaneras del desierto occidental, lo que hacía a sus habitantes menos dependientes de las crecidas del Nilo.

Los reyes de la dinastía heracleopolitana se consideraron a sí mismos los legítimos descendientes de la tradicional monarquía menfita, pero como describen las *Instrucciones de Merikara* el poder de los reyes del Primer Período Intermedio solo valía tanto como valían sus nobles:

> Engrandece a tus nobles, para que ellos sigan tus leyes […].Grande es el grande cuyos grandes son grandes. Es fuerte el rey que tiene cortesanos; aquel que es rico en nobles es bien estimado.

> *Textos para la historia antigua de Egipto*
> J. M. Serrano Delgado

Este texto concuerda con el texto de la biografía de Ankhtify en su tumba en El-Moalla, la fuente más recurrida para explicar la guerra durante el Primer Período Intermedio. Durante la guerra, solo consiguieron

Representación de Ankhtifi en su tumba en El-Moalla
[Figura 36]

sobrevivir los nomarcas más poderosos y con mejores alianzas, que como Ankhtify habían conquistado a sus vecinos. Y en el Alto Egipto estos nomarcas eran los de Tebas, que se convirtieron en la familia más poderosa, y expandieron su control a varios nomos y hasta llegar a amenazar a los reyes heracleopolitanos, que tenían su capital a más de quinientos kilómetros al norte.

Según su biografía, Ankhtify derrotó a los ejércitos de Koptos y Tebas cuando estos atacaron a su aliado en Hermontis y después remontó la corriente para tomar la misma ciudad de Tebas. Es tan difícil situar cronológicamente a Ankhtify, como valorar la realidad del texto de su biografía, pero sí sabemos que el vencedor final de la guerra del Primer Período Intermedio fue finalmente Tebas. El último rey heracleopolitano que conocemos es Merikara, llegó a construir una pirámide y es el destinatario de la famosa obra literaria de género sapiencial conocida como las Enseñanzas de Merikara escrita por su padre.

Pero tras su muerte se precipitó la caída de Heracleópolis. A finales del III milenio a. C. el rey tebano Mentuhotep II dirigió sus ejércitos al norte y reunificó Egipto. Probablemente atacaría Heracleópolis, donde fueron halladas tumbas del Primer Período Intermedio saqueadas y destruidas, tal como predijeron las *Enseñanzas de Merikara*: «Egipto combate en la necrópolis, destruyendo tumbas en ofensivas acciones».

Osiris y la lucha contra Seth

Aunque Osiris ya aparece en los Textos de las Pirámides, en el Reino Antiguo su culto es muy reducido. Osiris tuvo que esperar al momento de más fragilidad de la monarquía para poder convertirse en el rey indiscutible de más allá. Durante el Primer Período Intermedio los nobles adquirieron los privilegios funerarios que anteriormente eran privilegio exclusivo del rey y les estaban vetados, especialmente la momificación y la posibilidad de renacer en el más allá. En este contexto el dios Khentiamentu, uno de los dioses funerarios más importantes del Reino Antiguo se fusiona con Osiris en la Osiris Khentiamentu (literalmente, 'Osiris, el primero de los occidentales', en referencia a los difuntos, pues las necrópolis se construían en el oeste), precisamente un dios mumiforme. Gracias a estos cambios y siempre y cuando

Representación de Osiris en la tumba de Nefertari.
La iconografía de Osiris es consecuente de sus poderes y su
mito. La corona, el cayado y el flagelo le reconocen como rey, las
vendas y los brazos cruzados a la altura del pecho le identifican
como momia, y el color verde de su piel y el miembro itifálico
con el que a veces es representado nos indican su poder de
fertilidad y regeneración.
[Figura 37]

se cumplieran los rituales precisos, los nobles ahora tenían la posibilidad de convertirse en inmortales en el más allá no por gracia ya del faraón, sino de Osiris.

Osiris es un dios atípico, pues siendo dios como lo era, debía ser inmaculado y de piel áurea, no estar muerto y verde. Cómo Osiris llegó a convertirse en momia es uno de los relatos más fascinantes de la religión egipcia. Desgraciadamente las fuentes egipcias son escasas, de acuerdo con su mentalidad de no reproducir episodios negativos que por el poder de los jeroglíficos y las imágenes pudieran cobrar vida y repetirse. Por ello suele recurrirse a autores grecolatinos como Diodoro Sículo o Plutarco para su reconstrucción. Aunque bellos y útiles, los textos de autores no egipcios deben alertar al lector moderno, ya sea como recurso literario, por fallos de transmisión o comprensión del sentido original, en ocasiones sus relatos distorsionan la historia tal y como la conocieron y entendieron los egipcios.

Osiris pertenecía a la cuarta generación de dioses, era hijo de Geb y Nut y hermano de Seth, Isis y Neftis. Como Geb y Nut fueron los primeros dioses en tener varios hijos del mismo sexo, Seth es el primer hermano menor de la historia de Egipto, y el primero de los dioses que queriendo ser rey sabía que no le correspondía. Como el crimen suele preceder a la ley y los dioses son inmortales, en aquellos tiempos todavía no existía ningún mecanismo que regulara la transmisión de la corona a un heredero. No sabemos cómo se produjo la coronación de Osiris, pero sí que su padre Geb tuvo que luchar contra Shu para llegar a ser rey, y que Seth (como otros famosos hermanos menores de la literatura antigua) haría lo propio con Osiris.

Durante el reinado de Osiris y su hermana y esposa Isis, Egipto vivió una época de prosperidad que se vio interrumpida cuando su hermano Seth decidió disputar el trono a su hermano. El *modus operandi* varía según el relato, según los Textos de las Pirámides, Osiris murió ahogado. Según Plutarco, Seth organizó un banquete y cuando Osiris estuvo ebrio propuso un juego, regalaría un bello sarcófago a aquel que encajara perfectamente en él. Aunque pueda parecer un desafío macabro, ya sabemos qué importante y difícil de conseguir era un sarcófago en el antiguo Egipto, este debía ser extraordinario. Osiris se metió por su propia voluntad en un sarcófago lleno de cuchillos sin adivinar las intenciones ocultas de Seth, que cerró el sarcófago y mató a su hermano. El sarcófago con el cuerpo de Osiris fue arrojado al mar y arrastrado por la marea hasta la orilla de Biblos, donde fue encontrado y traído de vuelta a Egipto por la afligida viuda Isis. De nuevo en Egipto, Seth encontró por casualidad el sarcófago con los restos de su hermano y se puso tan furioso que descuartizó el cadáver de Osiris. Isis debía reiniciar el trabajo de búsqueda, pero esta vez multiplicado por catorce (veintiséis según Diodoro Sículo). Finalmente, Isis logró reunir todas las partes de Osiris con ayuda de su hermana Neftis. Todas las partes menos el pene, que fue devorado por alguno de los ávidos peces oxirrinco que viven en el Nilo. Magia mediante, Isis logró devolver la vida al cuerpo de Osiris y restaurar la parte perdida, gracias a lo que Isis quedó embarazada y dio a luz al dios Horus, heredero y futuro vengador de Osiris. Osiris es el primer muerto de la historia de Egipto, pero como era un dios también estaba vivo, por lo que se convirtió de nuevo en rey, esta vez el rey del más allá.

Relieve de Seth en el recinto de la pirámide de Sahura.
La iconografía de Seth es incierta, un conglomerado de formas
que, si decidiéramos llamar caótico, no podríamos sino reconocer
el talento de los artistas egipcios que se enfrentaron a la difícil
tarea de figurar el concepto del desorden con las formas que les
ofrecía la naturaleza.
[Figura 38]

La historia de muerte y resurrección de Osiris nos recuerda que los mitos nunca son solo narraciones fabulosas, sino que sirven para explicar el mundo y permiten múltiples interpretaciones. Desde el punto de vista político el mito sirve como legitimador de la monarquía. Tras el fallecimiento del rey, este se convierte en Osiris, lo que automáticamente transforma a su hijo en un nuevo Horus, encargado de mantener el orden en Egipto. La resurrección de Osiris también puede leerse en clave agrícola, pues Osiris revive como reviven las cosechas tras la crecida del Nilo y en sus fiestas solían realizarse unas pequeñas momias (conocidas por el término inglés *corn mummies*) fabricadas con arena y grano de cereal dentro de un molde con la forma de Osiris. Estas momias tenían su propio ajuar (también orgánico) y se colocaban dentro de un sarcófago (desde el Tercer Período Intermedio decorado con una cabeza de halcón). Al poco de ser enterradas, las *corn mummies* germinaban, materializando la esperanza de vida y regeneración que ofrecía el ciclo de Osiris. En el conflicto posterior entre Seth y Horus, Osiris interviene y recuerda que «yo hice la cebada y el trigo para mantener tanto a los dioses como a la humanidad. Ningún otro dios podía hacer esto».

Pero el mito tiene fundamentalmente un sentido religioso y funerario, ya que Osiris es Khentiametiu, 'el primero de los occidentales', la primera momia, la divinidad que con su muerte y resurrección permite que los difuntos puedan vivir en el más allá tras haber cumplido los mismos ritos funerarios que él. Osiris preside el juicio al que llegan los difuntos y en el que se pesa su corazón (psicostasis) para valorar si su comportamiento en vida fue correcto.

El ciclo de Osiris tiene importantes analogías con otros mitos del área oriental y mediterránea, el de los

Corn mummy de Osiris, en su interior aún se puede ver la arena y las semillas que se esperaba que germinaran, materializando la resurrección del dios [Figura 39]

dying and rising gods, dioses que mueren y resucitan. Además de Osiris, en la lista se encuentran otros ejemplos bien conocidos como Adonis, Dionisos, Baal, Odín o Jesucristo.

EL ARTE Y LAS TUMBAS DEL PRIMER PERÍODO INTERMEDIO

La disolución del poder real en múltiples minirreinos provocó el empobrecimiento de las industrias asociadas a la corte. La consecuencia no fue solo que casi ningún faraón del Primer Período Intermedio no pudiera construir pirámides, sino que se rompió el enlace entre los

Relieve procedente de la necrópolis de Saqqara (IX-X dinastías).
[Figura 40]

célebres talleres menfitas y los del resto del país. El resultado es que el arte del Primer Período Intermedio, que conocemos casi únicamente a través del arte funerario, ha sido catalogado generalmente como provincial. Y esto es verdad hasta cierto punto. Es verdad que la calidad de los artistas locales no alcanzaba el nivel de los talleres menfitas del Reino Antiguo y que durante el Primer Período Intermedio las figuras son frecuentemente representadas de forma desproporcionada, pero los temas del arte y su función son los mismos. El canon menfita del Reino Antiguo no se transforma deliberadamente sino que se convierte en un modelo ideal inalcanzable.

También es cierto que el problema de los artistas egipcios es una bendición para sus clientes. Durante el Primer Período Intermedio la posibilidad de poseer una tumba y un ajuar ya no dependía únicamente de la voluntad del monarca. Las élites locales ya eran capaces

117

Estela funeraria del rey Intef II, en la que aparece representado
con sus tres perros favoritos, *Behekay* ('Gacela'), *Abaquer*
('Galgo') y *Pehetes* ('Negro').
[Figura 41]

de acometer estos proyectos por su propia cuenta y las
creencias osiriacas les garantizaba la continuación de la
vida en el más allá. Durante el Primer Período Intermedio
incrementa el número de tumbas, la riqueza media del
ajuar funerario y aparecen algunas novedades.

La cerámica desarrolla formas totalmente originales
y la dificultad de realizar relieves murales se soluciona
con la creación de maquetas que reproducen los mismos
temas de manera tridimensional.

Durante el Primer Período Intermedio, en Tebas se crea un nuevo tipo de tumba que usan tanto los reyes como los altos funcionarios, los complejos funerarios conocidos como *saff* (que en árabe significa 'fila'). Se trata de tumbas del tipo *speo* (excavadas en la roca) con un diseño similar. Su principal característica es un gran patio trapezoidal abierto excavado hasta cinco metros de profundidad, en el que se llevaban a cabo ritos y se depositaban las estelas funerarias. El complejo funerario tipo *saff* más grande es el que construyó el rey Intef I, cuyo patio mide aproximadamente 300 x 75 m.

Este complejo funerario tenía una única entrada, frente a la que se encontraba la fachada de la tumba principal, formada por un pórtico con pilares que precedían a la capilla funeraria donde se dejaban las ofrendas para el difunto, y a la cámara funeraria.

USHEBTIS. SERVIDORES PARA EL MÁS ALLÁ

El cambio religioso de la doctrina osiriaca propició que durante el Primer Período Intermedio se crearan objetos funerarios como los escarabeos o *ushebtis* que eran asequibles para un buen número de egipcios. Los *ushebtis* son pequeñas figuras (generalmente) con forma de humano momificado. Su nombre se traduce por 'respondedores', ya que su finalidad era servir de doble durante las labores del más allá cuando su dueño le llamara. Los *ushebtis* más tempranos que datan de la XI dinastía —justo el momento de transición entre el Primer Período Intermedio y el Reino Medio— condensaron las nuevas creencias osiriacas con tradiciones funerarias anteriores, como los sacrificios humanos del Predinástico, y la representación de estatuas *ka* y del personal doméstico del Reino Antiguo.

Colección de diferentes tipos de *ushbeti*
[Figura 42]

Durante el Reino Medio el *ushebti* se consideraba un doble del difunto y únicamente se colocaba uno por cada momia. Su función estaba condensada en el capítulo VI del *Libro de los muertos* que se grabó en muchos de ellos:

> ¡Oh *ushabty*! Si soy llamado, si soy designado para hacer todos los trabajos que se hacen habitualmente en el Más Allá, (sabe) bien que la carga te será infligida allí. Como (se debe) alguien a su trabajo, toma tú mi lugar en todo momento para cultivar los campos, para irrigar las riberas y transportar la arena de Oriente a Occidente.

Libro de los muertos
F. Lara Peinado (ed.)

Es interesante observar la evolución de los *ushebtis* porque su dirección es inversa al camino más habitual del arte. Los primeros ejemplos conocidos pertenecen a personajes populares y después son incluidos en las tumbas de los reyes, en gran número y en materiales valiosos como lapislázuli. A partir del Reino Nuevo el *ushebti* dejó de ser considerado el doble del difunto para convertirse en los dobles de los servidores domésticos, y el número de *ushebtis* por tumba se incrementó. En la tumba de Tutankhamón aparecieron cuatrocientos diecisiete *ushebtis* y en la tumba de Seti I se encontraron más de setecientos.

Durante la XXI dinastía se entendió que este «ejército» de servidores necesitaría en el más allá la misma disciplina que en el mundo de los vivos, ya que al fin y al cabo su trabajo era similar, y se comenzaron a fabricar *ushebtis* de vigilantes o capataces, que se representaban portando un látigo o un bastón.

5

El Reino Medio. El clasicismo egipcio

EL TEMPLO DE MENTUHOTEP II Y LA RESTAURACIÓN DEL PODER

El rey tebano Mentuhotep II terminó el proyecto unificador de sus predecesores e inauguró el Reino Medio egipcio. Como la mayoría de los faraones, Mentuhotep II es generalmente conocido por su nombre de Hijo de Ra, pero este mismo rey cambió su titulatura real tres veces, haciendo uso de un privilegio exclusivo de conquistadores. Coincidiendo con su victoria sobre Heracleópolis adoptó el nombre de Horus de Necherhedyet ('El divino de la corona Blanca') y cuando por fin reunificó el país entero cambió sus nombre de Horus por el de Semetauy (literalmente, 'El que unifica las Dos Tierras').

Pero los peligros para Egipto no habían acabado tras la guerra, para pacificar el país, Mentuhotep II tuvo que expulsar a las tribus de beduinos asiáticos que habían entrado en Egipto aprovechando el estado de fragilidad tras la posguerra. Asegurada la paz, Mentuhotep II demostró ser tan buen gobernante como estratega militar e inició un ambicioso plan de reformas administrativas para centralizar el aparato de Estado. Primero trasladó la capital a Tebas y luego extendió el exitoso modelo de administración tebana a todo Egipto, eligió a funcionarios tebanos para los puestos más relevantes y limitó el poder de los nomarcas rivales que podían actuar según su propio beneficio, al tiempo que recompensaba a aquellos nomarcas que habían sido fieles durante la guerra.

Mentuhotep II y sus sucesores aprovecharon la estabilidad política para reanudar los contactos comerciales que se habían perdido durante el Primer Período Intermedio y que habían dejado a Egipto sin las materias primas más prestigiosas, como la madera de Fenicia y el oro de Nubia.

Pero el mejor ejemplo de la prosperidad alcanzada por Mentuhotep II es la construcción de su tumba-templo funerario. El lugar elegido fue la explanada a los pies de la montaña de Deir el-Bahari, un lugar sagrado relacionado con la diosa Hathor y próximo a Tebas.

La estructura de la tumba-templo de Mentuhotep II fusionaba las formas e ideas de las tumbas del Reino Antiguo con la tradición tebana de tumbas excavadas en la roca. Una larga calzada unía el templo del Valle con la gran muralla del templo, que más que tener una función práctica servía para marcar una clara diferenciación entre el espacio profano extramuros y el espacio sagrado del interior. Después de traspasar la muralla, la calzada atravesaba un gran patio hasta llegar al templo. Este tramo fue decorado con grandes esculturas de Osiris a los lados del camino, y sicomoros y tamarindos en el patio.

Escultura de Mentuhotep II con el hábito ceremonial
del *heb-sed* o jubileo real
[Figura 43]

Esta decoración es el aspecto más destacado del patio. Como ya sabemos, nada en el antiguo Egipto es solamente decorativo y los jardines funerarios, como el del templo de Mentuhotep II o el de la tumba de Remini en la colina de Dra Abu el-Naga, ayudaban al muerto en el más allá. En el antiguo Egipto muchas plantas, igual que muchos animales, se identificaron con dioses y Hathor, que tiene una fuerte vinculación con la colina de Deir

Reconstrucción del templo de Mentuhotep II
(basada en D. Arnold)
[Figura 44]

el-Bahari, fue conocida como la señora del Sicomoro. Pero lo más importante del complejo funerario de Mentuhotep II es que es la primera construcción real que enfatiza el ya imparable culto a Osiris.

El templo se construyó en varios niveles, un piso a ras de suelo y una terraza a la que se accedía a través de la calzada, ambos precedidos por una columnata. Durante mucho tiempo los investigadores no se han puesto de acuerdo sobre cómo debía reconstruirse una de las partes más importantes del templo, la terraza. La primera teoría fue que el templo estaba rematado por una pirámide, aunque hoy se piensa que en realidad sería una estructura rectangular con techo plano.

Tableta de madera inscrita hallada en uno de los depósitos de
fundación de la tumba de Mentuhotep II
[Figura 45]

En cada esquina de la terraza se construyeron cuatro
depósitos de fundación, en los que se enterró una gran
cantidad de cerámica que contenía vino o cerveza, pan,
cebada, carne de buey, higos, uvas y otras frutas; y sobre
los alimentos se colocaron cuatro bloques de barro. Tres
de los bloques tenían incrustados placas con el nombre del
rey, fabricadas con metal, madera y piedra, los cuatro
materiales con los que fue construido el templo. Desde

la terraza del templo se podía acceder a un patio porticado que precedía a una sala hipóstila, la última estancia antes del pasillo excavado en la roca que llevaba a la cámara mortuoria.

El complejo funerario de Mentuhotep II se completó con la construcción de dos tumbas subsidiarias para sus esposas Neferu y Tem. Pero el enterramiento más sorprendente es la llamada tumba de los Guerreros, donde aparecieron los cuerpos de sesenta hombres muertos por heridas de arma, pero sin momificar. Lo más probable es que se tratara de soldados que hubieran fallecido durante alguna de las batallas de Mentuhotep II contra sus vecinos del norte y cuyos cuerpos hubieran sido abandonados sin los ritos funerarios apropiados debido a las prisas de la guerra. Más tarde el rey compensó sus esfuerzos en la batalla y la desconsideración con sus cuerpos (que sin embargo se momificaron naturalmente), otorgándoles un enterramiento cerca del complejo funerario real.

Aproximadamente sesenta años después de que Mentuhotep II iniciara el Reino Medio, Amenemhat I sucedía a Mentuhotep IV e inauguraba la XII dinastía. Amenemhat I no pertenecía a la familia real ni procedía de Tebas, por lo que los motivos y las formas del inicio de su reinado no son claros. Pero sí lo es su fin, después de treinta años de reinado Amenemhat I murió asesinado.

Las aventuras de Sinhué y el fin del Reino Medio

Las aventuras de Sinhué son coetáneas al reinado de Amenmhat I, y además de ser la obra literaria más célebre del Egipto antiguo ofrece una visión histórica de Egipto durante el inicio de la XII dinastía.

Relieve de Amenemhat I
[Figura 46]

El *Cuento de Sinhué* narra de manera autobiográfica la vida de Sinhué desde la expedición militar liderada por el príncipe Sesostris contra los libios en los desiertos orientales. En una noche de guardia Sinhué escuchó que el rey Amenemhat I había muerto y súbitamente entró en un estado de nerviosismo que le incitó a huir hacia el norte, escondiéndose de sus compatriotas egipcios para atravesar las fortalezas fronterizas construidas para contener a los asiáticos. La huida precipitada, sin víveres ni planificación, agotó a Sinhué, que afortunadamente fue recogido y cuidado por un beduino cuando estaba a punto de morir. El beduino reconoció a Sinhué como un egipcio ilustre, le casó con la más bella de sus hijas y les entregó una porción de sus tierras para que pudieran vivir. Allí Sinhué llevó una vida placentera y virtuosa. Tuvo hijos, hizo prosperar a su familia y ayudaba a quien pasaba por sus tierras perdido o sediento como él había llegado hacía años.

Pero la prosperidad de Sinhué provocó la envidia de un guerrero asiático, que deseaba matarle para apropiarse de sus bienes y le retó a un duelo a muerte. Con bravura, y mucha fortuna, Sinhué consiguió matar a su poderoso oponente y apoderarse de todo su patrimonio. Sinhué se había convertido en el jefe de su propia tribu, y aunque cada día era más rico y respetado en Asia, sentía nostalgia por Egipto y vértigo al pensar en la muerte. Había conseguido una gran fortuna para sus hijos, pero su vida estaba en Asia y el desgraciado Sinhué supo que nadie podría construir una tumba para él, momificar su cuerpo y cumplir con los ritos funerarios egipcios.

Cuando el rey Sesostris I se enteró del dolor que afligía a Sinhué le envío mensajes y regalos para persuadirle de que regresara a Egipto, y le convenció. El final de la historia llega con el regreso de Sinhué a Egipto, donde fue agasajado por el rey con el mayor de los privilegios que podía obtener un egipcio, una pequeña pirámide de piedra en el cementerio real, una estatua cubierta de oro y electro y un ajuar completo.

Amenemhat I ('Amón está en la cabeza') es el primer rey de la XII dinastía, la última del Reino Medio. Amenemhat I no pertenecía a la familia real, y probablemente no era ni siquiera originario de Tebas. Esto le valió una fuerte oposición de la nobleza tebana, y pese a que reinó durante un período bastante largo (alrededor de treinta años) no fue un reinado sencillo. Según las *Instrucciones de Amenemhat*, el rey es asesinado durante un complot palaciego. ¿Es esta la razón de que Sinhué huyera de Egipto? En el *Cuento de Sinhué* no se menciona que el rey muriera asesinado, él se encuentra con el príncipe en los desiertos orientales, por lo que es imposible que tomara parte activa de su muerte.

¿Sabía Sinhué más de lo que se dice en el texto o es que quizás Sinhué obedecía sin saberlo el deseo de los dioses? En cualquier caso, parece que Amenemhat I tuvo que lidiar al mismo tiempo con las complicaciones internas de iniciar una nueva dinastía y enfrentarse al mismo tiempo a los invasores extranjeros. Su intenso programa constructivo está marcado por estas circunstancias. Arrebató la capitalidad a Tebas y construyó una nueva capital, Itytauy, desde la que podía explotar los recursos del oasis de El Fayum y mantener bajo control a la corte. Construyó una pirámide en El Lisht, con la que abandonaba el tipo de enterramiento tebano y recuperaba las tradiciones de enterramiento menfita; y también construyó una serie de fortificaciones fronterizas para defenderse de ataques exteriores.

Durante la XII dinastía Egipto vive un período de esplendor económico, y se incrementa la presión de pueblos extranjeros sobre las fronteras de Egipto. Para impedir su entrada se construyeron una serie de fortificaciones fronterizas en el norte y en el sur de Egipto. En estas fortalezas el rey mandaba colocar como decreto las llamadas estelas fronterizas, como la de Sesostris III que vimos en el primer apartado (Figura 8).

En su camino hacia Asia, Sinhué se encuentra con una de estas fortalezas construidas por Amenemhat I:

> Llegué a «Los Muros del Gobernador», que fueron hechos para repeler a los asiáticos y aplastar a los moradores de las arenas.
>
> *Ancient Egyptian Literature*
> M. Lichtheim (ed.)

Este fragmento nos da una de las claves del *Cuento de Sinhué*, se trata de fortalezas defensivas dirigidas unidireccionalmente hacia el extranjero para controlar la entrada de gente, no la salida. Que un egipcio tenga que esconderse para pasar a través de una de ellas es una prueba del errático comportamiento de Sinhué.

Gracias a que el *Cuento de Sinhué* fue usado como texto didáctico en las escuelas de escribas, el texto es conocido a través de muchas copias en distintos soportes y de distintas épocas (los papiros de Berlín 3022 y 10499, datados entre la XII y XIII dinastías, y el ostraca 1945.40 del Ashmolean Museum, de la XIX dinastía contienen gran parte de la historia). Pero igual que Sinhué, el cuento también viajó de Egipto a Asia. Y hay interesantes paralelos entre episodios bíblicos y el *Cuento de Sinhué*: regreso a Egipto —parábola del regreso del hijo pródigo (Lucas, 15: 11-32)—, y lucha contra el asiático —lucha de David y Goliat—:

> Llegó a mi tienda un héroe de Retenu para desafiarme. Un campeón sin igual que había sometido a todos [...]. ¿Existe otro campeón que pueda hacerle frente? Él levantó su hacha y su escudo mientras su brazo armado de flechas caía hacia mí. Yo dejé que sus flechas pasaran sin ningún efecto, una tras otra. Luego, cuando él cargó contra mí, le disparé y mi flecha se clavó en su cuello. Gritó, cayó sobre su nariz y yo le maté con su hacha.
>
> *Ancient Egyptian Literature*
> M .Lichtheim (ed.)

Los sucesores de Sesostris I heredan la mentalidad y objetivos de sus sucesores. Con el permiso de sus pirámides, las construcciones más espectaculares de su reinado y en las que más recursos emplearon estaban destinadas al interés público. Iniciaron trabajos hidráulicos para mejorar la irrigación de las tierras fértiles, explotaron los recursos del oasis de El Fayum y la península del Sinaí, y crearon una cadena de fortalezas en la frontera

Escultura de Sesostris III. El estilo de estas piezas, mucho más
próximo al retrato fiel, es el reflejo del cambio de mentalidad de
la monarquía durante el Reino Medio.
[Figura 47]

meridional y septentrional. No en vano, la XII dinastía se convirtió en una época de clasicismo egipcio de
épocas posteriores, y sus dirigentes fueron recordados
como justos y sabios.

El esplendor de la literatura egipcia

Aunque generalmente estamos muy familiarizados con el arte material egipcio, el conocimiento de las obras literarias de Egipto no ha transcendido el ámbito especializado salvo excepciones. La prosperidad del Reino Medio significó un período extraordinariamente fértil y original en el campo del arte.

Pero este período, considerado por los propios egipcios como el período clásico de su cultura, es el gran desconocido de nuestros días debido a la falta de buenos representantes turísticos como las pirámides de Giza del Reino Antiguo, o los enormes templos como el de Karnak, Abu Simbel o Dendera del Reino Nuevo y época ptolemaica.

Y aunque no falten pirámides, edificios, esculturas ni orfebrería sobresaliente, la más bella prueba del esplendor del Reino Medio es la literatura. El cambio en el uso y significado de la literatura es el espejo a través del que mejor podemos observar las principales transformaciones sociales de Egipto durante el Primer Período Intermedio y el Reino Medio. En primer lugar, Egipto era un Estado complejo y extenso que dependía de una burocracia eficaz para su funcionamiento; y el aparato administrativo, cuya mejor herramienta es la escritura, aumenta considerablemente en el Reino Medio, y con él, el número de personas que saben leer. En segundo lugar, los cambios en la concepción de la realeza y el más allá junto con una nueva mentalidad religiosa y moral que ensalza el comportamiento justo y las virtudes personales como los mayores logros en la vida de una persona.

Partiendo de los textos de los períodos anteriores, la literatura del Reino Medio evoluciona creando nuevos géneros e historias con gran repercusión en la literatura

Ostracon pintado con un fragmento de las *Instrucciones de
Amenemhat I a su hijo Sesostris*
[Figura 48]

universal, y en el Reino Medio ya están presentes todos los géneros de la literatura egipcia.

El género (por escrito) más importante continúa siendo la literatura funeraria, pero esta ya no pertenece exclusivamente al rey. Si en los antiguos textos de auto-presentación del Reino Antiguo se enfatizaba la relación del difunto con el rey, a partir de la VI dinastía va a aparecer todo un catálogo de virtudes de los difuntos que se convertirán en su llave de acceso al más allá. Desde el final del Reino Antiguo el mérito conseguido a través del esfuerzo y el comportamiento virtuoso pesan más que la relación personal con el faraón y por tanto, todo el mundo depende de sí mismo y no del rey para revivir en el más allá. Está «democratización» de base moral del más allá está en relación con el desarrollo del culto de Osiris. Paralelo a la recién conquistada accesibilidad al más allá, los nobles copian y transforman algunos pasajes de los Textos de las Pirámides en sus ataúdes y los textos funerarios alcanzan una difusión sin precedentes.

La literatura sapiencial o instructiva también existía en el Reino Antiguo, pero en el Reino Medio se enriquece con dos subgéneros nuevos, las lamentaciones y los diálogos. Una de las obras de literatura sapiencial más célebre son las *Instrucciones de Amenemhat I a su hijo Sesostris*, un monólogo que dirige el rey Amenemhat I a su sucesor. Según esta obra, Amenemhat I muere asesinado, y convierte su experiencia en consejos con los que previene a su hijo Sesostris I:

> No te fíes de (ningún) hermano; no conozcas amigo.
> No te crees íntimos, pues no hay beneficio en ello.
> Si duermes, guarda tú mismo tu corazón, porque el hombre no tiene partidarios el día de la desgracia.

Textos para la historia antigua de Egipto
J. M. Serrano Delgado

La visión pesimista de este género tiene sus máximos exponentes en las lamentaciones (o admoniciones), como las de Khakheperresonbe o las de Ipuwer:

> El hombre mira a su hijo como a su enemigo [...]. Hay maldad por todas partes. No existe ya el hombre de ayer [...]. El criado se apodera de lo que encuentra. Mira, el Nilo se desborda, pero nadie ara para él. Todos exclaman: «No sabemos qué ha sucedido en el país». Mira, las mujeres son estériles; ninguna concibe. [...]. Todos exclaman: «¡No hay nada!». El almacén está vacío, y su guardián está tendido en el suelo [...]. ¡Maldito yo por la miseria de este tiempo!
>
> *Textos para la historia antigua de Egipto*
> J. M. Serrano Delgado

Estos textos se han interpretado por dos corrientes opuestas, que ven en ellos bien el reflejo del caos durante el Primer Período Intermedio, bien una creación fantástica literaria.

Pero el género más original del Reino Medio es la literatura narrativa. Estas obras son generalmente llamadas «cuentos» por su brevedad y tintes fantásticos, pero como algunas copias se han encontrado en tumbas debemos pensar que su función no era únicamente divertir o entretener. Algunos de los cuentos más importantes del Reino Medio son el *Cuento de Keops y el mago*, el *Cuento del náufrago* y las *Aventuras de Sinhué*.

AMÓN DE TEBAS

Aunque la primera mención conocida de Amón se encuentra en los Textos de las Pirámides, es a partir del Reino Medio, coincidiendo con el ascenso de la monarquía tebana, cuando Amón se convierte en una de las principales divinidades de Egipto.

El mito heliopolitano es el más conocido de todos los relatos egipcios de la creación, pero no es el único. Diferentes templos desarrollaron su propia versión, que no eran creaciones completamente independientes, sino versiones que enfatizaban o enriquecían la versión genérica del mito. Amón tiene un papel protagonista en varios de estos textos cosmológicos. Según el mito de la ogdóada hermopolitana, antes del tiempo existían ocho divinidades, los cuatro principios negativos del Nun personificados en cuatro parejas de divinidades masculinas y femeninas que vivían en las aguas primigenias: Amón y Amunet, «ocultamiento» o «invisibilidad»; Heh y Hauhet, «infinidad»; Kek y Kauket, «oscuridad»; y Nun y Naunet, «caos». De las aguas emergió una colina. Una de las versiones hermopolitana de la creación nos habla de que en la colina un ave conocida como el Gran Graznador puso un huevo del que nació el sol, o nació un loto del que al abrirse salió el sol en forma de niño.

Estas divinidades dieron su nombre a la ciudad de Khemenu (en español 'la ciudad de los Ocho'), más conocida por su nombre griego Hermópolis Magna, de donde sus textos toman el nombre de teología hermopolitana.

Como demuestran los textos de época ptolemaica, la ogdóada hermopolitana siguió siendo venerada hasta el final de la cultura egipcia, pero de sus ocho miembros solo Amón consiguió un rol preponderante en la religión oficial de Egipto fuera de Hermópolis. Hasta la XII dinastía el belicoso Montu había sido la principal divinidad tebana, con el que la mitad de los reyes de la XI dinastía formaron su nombre (los Montuhotep, 'Montu está satisfecho'). A partir del reinado de Amenemhat I comienza el ascenso de Tebas y Amón, que sustituye

Estela con la representación de Amón entronizado
frente a un orante
[Figura 49]

a Montu en la tutela de la ciudad y de los reyes (los
Amenemhat, 'Amón es el primero').

Amenemhat I decidió trasladar la capital a Tebas y
bajo el reinado de su hijo Sesostris I comenzó la construcción de un nuevo templo dedicado al dios Amón en
Karnak, Tebas. La historia de la evolución del templo
de Karnak es la historia del auge de Amón, del simple
pilono, patio porticado y capilla construido por
Sesostris I, el templo de Karnak pasó a ser uno de los

mayores templos de la Antigüedad, ampliado por faraones como Tutmosis I, Hatsepshut, Tutmosis III, Akhenatón, Horemheb, Seti I, Ramsés II, Ramsés III y Nectanebo I

A partir del Reino Nuevo, Amón se une con Ra y forman la poderosa divinidad sincrética Amón-Ra, que une los contrarios de Amón (ocultamiento) y Ra (creación o visibilidad). Amón también asimiló las características guerreras de Montu y la potencia sexual de Min, gracias a lo que puede ser representado como un carnero.

SARCÓFAGOS Y ATAÚDES DEL REINO MEDIO

Una de las principales preocupaciones funerarias de los egipcios era proteger el cuerpo del difunto y dotar a sus partes inmateriales de las herramientas para poder sobrevivir en el más allá. Por ello los entierros debían realizarse siguiendo una serie de ritos precisos que incluían el depósito del cuerpo en el ataúd. En Egipto existen ataúdes y sarcófagos, que generalmente se confunden. Los primeros contienen el cuerpo de los difuntos, los segundos (que pueden ser uno, varios o ninguno) contienen el ataúd. Sarcófagos y ataúdes tienen una función protectora física y mágica, aunque curiosamente sarcófago significa 'que come carne'.

Durante el Reino Medio se generaliza el uso de ataúdes y de los textos de los ataúdes (que también pueden encontrarse como textos de los sarcófagos). Como los Textos de las Pirámides, se trata de un corpus de textos funerarios destinados a acompañar y ayudar al difunto en su tránsito al más allá. Pero como su propio nombre indica, han dado el salto desde las paredes de las pirámides a las paredes de los sarcófagos, rompiendo una importantísima barrera social.

Ataúdes de Khnumhotep (XII dinastía, arriba)
y Khnumnakht (XIII dinastía, abajo)
[Figuras 50 y 51]

La descentralización del Primer Período Intermedio permitió que un número mucho mayor de personas pudiera poseer un ataúd y textos funerarios. En ese período aparece por primera vez un tipo de ataúd que se generaliza durante el Reino Medio. Veamos dos ejemplos: los ataúdes de Khnumhotep (XII dinastía) y Khnumnakht (XIII dinastía). Aunque difieren en algunos aspectos, centrémonos en las coincidencias, ya que son las partes que van a dar significado a estas piezas. En los lados mayores del ataúd vemos una gran franja y columnas perpendiculares escritas con jeroglíficos, son invocaciones a dioses. La disposición clásica del Reino Medio es la dedicación a Osiris y Anubis de los textos horizontales; a los cuatro hijos de Horus en las esquinas del ataúd: Hapy e Imsety a cada lado de los hombros del difunto y Duamutef y Qebehsenuf a los pies; y a divinidades primigenias relacionadas con Osiris en las columnas centrales: Shu y Geb en el lado este, Tefnet y Nut en el lado oeste.

Entre los textos del ataúd de Khnumhotep se representan tres falsas puertas, pero solo una en el de Khnumnakht. Sobre ella se encuentra otro de los motivos que se repiten, los ojos de Horus. Se trata de representaciones mágicas con la misma capacidad que el objeto real. Es decir, que las falsas puertas con un elemento de separación y contacto entre el mundo del más allá y el mundo de los vivos, convierten al ataúd en la morada del difunto, al mismo tiempo que permiten que su *ba* pueda entrar y salir para disfrutar de las ofrendas funerarias. Los difuntos eran colocados en el ataúd con la cara frente a los ojos de Horus y el ataúd era orientado hacia el este, de modo que él pudiera ver cada día la salida del sol, en definitiva, acompañar a Ra en su renacimiento diario.

PIRÁMIDES Y TESOROS DEL REINO MEDIO

Es interesante ver la fortuna opuesta que tuvieron los reyes y sus tumbas. Keops construyó una tumba sin duda maravillosa que ha sobrevivido durante miles de años, pero fue considerado un rey déspota y esclavista, cuya fama aún hoy le persigue. Por el contrario, los reyes del Reino Medio tuvieron la sensatez de no invertir demasiados recursos en sus propias tumbas, y aunque sus pirámides se conservan en muy mal estado, estos reyes se convirtieron en modelos de justicia durante las dinastías posteriores.

El rey Amenemhat I resucitó la costumbre de los enterramientos reales en pirámide, tanto él como su hijo Sesostris I construyeron sus tumbas en la necrópolis de El Lisht, probablemente cerca de la capital Ity-tauy. Tres de los cuatro sucesores de Sesostris I construyeron sus pirámides en Dashur (Amenhotep II, Sesostris III y Amenhotep III), y Sesostris II en Hawara.

Como no podía ser de otra manera, todos ellos se basaron en las pirámides y templos funerarios del Reino Antiguo. Pero su estudio iba más allá de la teoría, y como buenos egipcios, aprovecharon la visita a Giza para llevarse algunos bloques de las viejas pirámides. Sin embargo, el núcleo de las pirámides del Reino Medio está formado por bloques pequeños de barro cocido y caliza local, por lo que a simple vista hoy se asemejan más a una colina de escombros. Dado el deficiente estado de conservación, quizás lo más interesante de estas pirámides sean los ajuares. En el Reino Medio la orfebrería egipcia alcanzó una calidad sin precedentes y el mejor ejemplo son los tesoros de las tumbas de las reinas y princesas de la XII dinastía. En el complejo de Amenhotep II se encontró el tesoro de las princesas Cnumet e Ita, en el de Sesostris III el de las

Collar y pectoral de Sit-Hathor-Iunet.
«El dios Ra concede vida y dominio sobre todo el Universo
por siempre y para siempre al divino rey Khakheperre».
Las características de los jeroglíficos permiten
composiciones figurativamente bellas y al mismo tiempo
textualmente ricas.
[Figura 52]

princesas Sit-Hathor-Iunet y Merit, y el de una princesa
desconocida en el de Amenhotep III.

Estos tesoros incluyen algunas de las obras de orfebrería más maravillosas del arte egipcio, como el collar
y pectoral de la princesa Sit-Hathor-Iunet, en el que
texto e imagen se funden para dar un bello mensaje de
inmortalidad. La composición ordenada y simétrica del
pectoral hace referencia a *maat* y al orden del universo,
que está representado por sus límites: las líneas ondu-
lantes de la base representan las aguas primordiales y los
discos solares el firmamento. Los halcones nos remiten a
la divinidad solar Ra y las cobras a la protección, poder
y divinidad del faraón.

Los símbolos jeroglíficos ankh (☥) en los que las
cobras enrollan su cola tienen el significado de 'vida'.

Imiut y escultura de guardián de la tumba de Imhotep [Figuras 53 y 54]

Los jeroglíficos que sujeta el dios Heh significan 'millón' (𓏥), la manera egipcia de expresar el infinito; una idea similar a la que transmite el jeroglífico que sujetan los halcones (𓏤), el infinito cíclico. Por último, el cartucho en el centro de la composición nos aclara a quién están dedicados estos buenos deseos: al rey Khakheperre, el nombre de *nesut-bity de Sesostris II* (𓇳𓆣𓐍).

A través de la conjunción adecuada de todos estos símbolos y jeroglíficos podríamos leer una sentencia como: «El dios Ra concede protección, vida y dominio sobre todo el Universo por siempre y para siempre al divino rey Khakheperre».

Alrededor de las pirámides reales los nobles más cercanos al rey construyeron mastabas. Como Imhotep, en cuya tumba se encontraron dos magníficas esculturas de madera de cedro, una con la Corona Blanca del Alto Egipto y otra con la Corona Roja del Bajo Egipto, frente a una capilla. En el momento de su hallazgo se creyó que estas esculturas eran representaciones del rey debido a las coronas, pero hoy en día se piensa que eran guardianes de la capilla dedicada a Anubis que se encontraba tras ellos. Dentro de la capilla se encontró un enigmático objeto llamado *Imiut* ('El que está vendado'), un simulacro de momia animal sin cabeza ni patas traseras formado con telas de lino envueltas en piel de animal y atado a un largo palo que se apoya en un ungüentario. Es raro de encontrar y raro de interpretar, aunque por su asociación al mundo y los dioses funerarios se le ha atribuido un carácter protector y ritual.

6

Segundo Período Intermedio. Egipto contra los hicsos

LOS REYES HICSOS

Desde la XII dinastía las relaciones de Egipto con Asia se hicieron cada vez más intensas, lo que provocó una inmigración lenta y pacífica de gentes asiáticas a Egipto en busca de nuevas oportunidades. Finalmente, esta población llegó a ser tan importante en la zona del delta oriental que cuando las dinastías XIII y XIV mostraron evidentes síntomas de debilidad, lograron su autonomía y fundaron la XV dinastía, la dinastía de los hicsos. Los egipcios llamaron a estos reyes asiáticos *Hekau Jasut* ('Jefes de los países extranjeros'), de donde procede la palabra hicsos. Pero hemos de advertir que bajo esta denominación genérica se aglutina todo una serie de pueblos asiáticos que de ningún modo eran homogéneos.

Los faraones de la XII dinastía impulsaron las relaciones de
Egipto con Asia, como ejemplifica el tesoro de Tod. Se trata
del depósito de fundación de un templo de época de Sesostris I
formado por piezas de plata, oro, lapislázuli y bronce.
[Figura 55]

Los hicsos se establecieron en la zona del delta
oriental, en centros como Bubastis, Tell el-Yahudiya y
Avaris (cerca de la actual Tell el-Dab'a) e inauguraron
un período próspero, con grandes períodos de paz y
ricas relaciones internacionales. La ocupación hicsa
ponía en relieve la futura inercia política de la Edad
del Bronce, en la que Egipto iba a perder su aislamiento,
y la expansión de poderosos imperios empujaban a unas
naciones contra otras. Pero durante el período hicso esta
interacción va a ser todavía pacífica y muy próspera,
como demuestran las pinturas minoicas de Avaris, la
aparición de cerámica de Kamares (procedente de Creta)
en Egipto y del tipo de Tell el-Yahudiyeh por todo el
Levante mediterráneo hasta lugares tan alejados como
la isla de Tera.

Es poco lo que conocemos del final del Reino
Medio, pero hoy en día se piensa que la independencia

Cerámica del tipo Tell
el-Yehudiyeh.
Los orígenes de este tipo
de cerámica se remonta
a formas cananeas,
y su presencia en
Egipto es considerada
un indicador de la
ocupación hicsa.
[Figura 56]

hicsa no fue el resultado de una gran guerra, si bien es
muy posible que se produjeran enfrentamientos entre
algunos príncipes locales. En cualquier caso, la superioridad bélica de los hicsos sobre los egipcios era innegable
y no existía ningún enemigo capaz de hacerle frente en
el Bajo Egipto. Los hicsos desarrollaron nuevas armas
como el arco compuesto y supieron aprovechar las ventajas del bronce, con el que fabricaron nuevos tipos de
espadas curvas, armaduras y carros de guerra; todos ellos,
elementos bélicos desconocidos para los egipcios, pero
que muy pronto adoptaron.

El carro de guerra fue el arma más poderosa de
esta época, y la que desequilibró la balanza a favor de los

primeros pueblos que como los hicsos se especializaron en su manejo. El carro de guerra se remonta al menos hasta época sumeria, como demuestra su representación en la *Estela de los buitres* o el *Estandarte de Ur*, en el que un pesado carro de cuatro ruedas es tirado por cuatro onagros. A principios de la Edad del Bronce se introduce el caballo en el Próximo Oriente y los mitanos aprovechan sus capacidades para desarrollar una auténtica hipología. La fama de los mitanos como entrenadores de caballos era de sobra conocida por los pueblos vecinos y es célebre el caso Kikkuli, que fue llamado por el rey hitita Shubiluliuma I para que entrenara a sus caballos y sus tropas. E, incluso, en tablas de arcilla su métodos y reflexiones: «El caballo no debe realizar un ejercicio hasta que se haya adaptado tanto física como psicológicamente al entrenamiento» o «un caballo resabiado y malicioso se crea, no nace».

No es difícil imaginar la conmoción que tenía que causar ver por primera vez un caballo y un carro segando las filas del ejército enemigo. Y lógicamente los egipcios no tardaron en incorporar el carro y el caballo no solo a su ejército, sino también a su imaginario simbólico. Desde el Reino Nuevo el caballo es usado en el ejército, forma parte del corpus de jeroglíficos y la representación del rey matando a sus enemigos desde un carro pasó a formar parte de los modelos de iconografía real.

Los reyes hicsos mantuvieron la administración egipcia y controlaron el territorio a través de nobles locales que vivían en paz con los asiáticos. Tampoco tenían ninguna razón para llevar a cabo grandes modificaciones, ya que los semitas habían trabajado en la corte de los reyes egipcios y funcionarios egipcios harían lo propio en la corte de los reyes hicsos. Sin embargo, algunas actitudes mostraban la

Escarabeo de estilo hicso
[Figura 57]

vitalidad de la cultura semita entre los reyes hicsos. Los primeros reyes hicsos tuvieron nombres semitas, aunque también adoptaron la titulatura real egipcia y escribieron sus nombres en jeroglíficos, y sincretizaron al dios egipcio Seth con el semita Baal.

El período de dominación hicsa fue recordado por los egipcios como uno de los más oscuros de su historia. Y aunque como hemos visto, la realidad no fue tan dramática, sus razones estaban más que fundamentadas. No era solamente la primera vez que Egipto era gobernado por una dinastía extranjera, sino que este Gobierno hacía tambalearse el sistema de creencias egipcio. Egipto no era concebido por sus habitantes únicamente como una entidad política, sino que el país conformaba el referente geográfico central de su cosmovisión. Egipto había sido creado por los dioses, ser enterrado en Egipto era el único modo de renacer

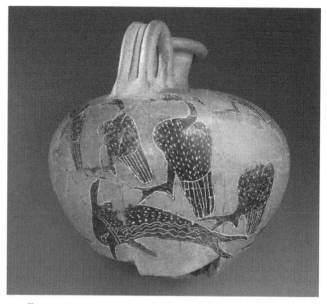

Esta cerámica es un ejemplo único de la aculturación del Segundo Período Intermedio. Un vaso de forma cananea, decorado con iconografía minoica que apareció en una tumba del cementerio de El Lisht.
[Figura 58]

en el más allá, y era el lugar donde se concentraba *maat*. Todo fuera de Egipto era caos y barbarie, y ahora ese caos había conquistado Egipto.

La arqueología y los documentos contemporáneos demuestran que durante un período extenso existió respeto y buena relación, o al menos pacífica, entre los reyes hicsos y los reyes egipcios del Alto Egipto. El contacto entre egipcios e hicsos, y entre hicsos y pueblos extranjeros, fue enriquecedor en todos los sentidos, baste como ejemplos la adopción del carro de guerra o el hallazgo de la cerámica cretense de Kamares en Egipto. Esta cerámica, considerada un objeto de lujo, entraba en Egipto por el delta a través de comerciantes griegos o asiáticos, y desde allí se difundía a yacimientos al sur de Avaris como Kahun, El Lisht o Qubbet el-Hawa.

Pero durante los últimos años del reinado del rey hicso Apofis I, en Tebas se consolida una monarquía que se siente lo suficientemente fuerte como para enfrentarse a los hicsos y se lanza a la conquista del Bajo Egipto, la XVII dinastía de Egipto.

LOS BELICOSOS REYES TEBANOS

El enfrentamiento entre hicsos y egipcios se convirtió pronto en un enfrentamiento de carácter casi mítico. Así lo demuestra al menos la *Querella de Apofis y Sequenenra*, una historia recogida en el papiro Sallier I. Según el texto de la *Querella*, Egipto se encontraba en un estado de desgracia y miseria por culpa del gobierno hicso cuando el rey Apofis I envió un mensajero a la corte del rey tebano Sequenenra Taa II ordenándole que vaciara su estanque de hipopótamos porque el ruido que causaban no le dejaba dormir. Obviamente, esta petición se entendió como una afrenta, pues Avaris se encontraba a ochocientos kilómetros de distancia de Tebas.

Es difícil dar verosimilitud al relato sobre el inicio de la guerra, pero no se puede hacer ninguna objeción al trasfondo histórico tras contemplar la momia del rey Sequenenra Taa II, nunca una momia real fue tan patética. La lucha entre reyes tebanos e hicsos ya había comenzado y probablemente ningún bando mostraba demasiada piedad. Al menos no la tuvieron con Sequenenra Taa II, cuya participación en la guerra le valió el apodo del *bravo* y una muerte traumática.

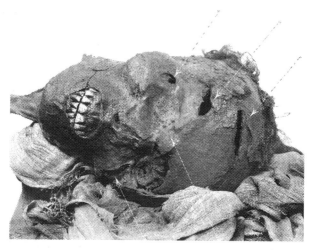

Momia del rey Sequenenra Taa II.
Las rotundas heridas y su dramático gesto convierten a la momia
de Sequenenra Taa II en una de las más conmovedoras de Egipto.
[Figura 59]

Del matrimonio de Sequenenra Taa II con su
hermana Ahhotep I nacieron Kamosis (o Kamose) y
Amosis. El primero sucedió a Sequenenra Taa II después
de que los hicsos pusieran un hacha en su cabeza. El rey
Kamosis continuó la guerra contra los hicsos, como
recuerdan la *Tableta Carnarvon* y las *Estelas de la victoria
de Kamosis:*

> Yo era como el halcón divino a la cabeza de ellos.
> Hice que una potente embarcación examinara el
> borde del desierto, (mientras que) el resto (de la
> flota) seguía, arrasando el territorio de Avaris,
> como si fuera un ave de presa.
>
> *Textos para la historia antigua de Egipto*
> J. M. Serrano Delgado

Los textos de la conquista de Kamosis narran que tuvo que enfrentarse a nobles egipcios aliados de los hicsos. Pero a ojos de la XVII dinastía, la legitimización de la monarquía tebana no descansaba únicamente en su nacionalidad egipcia, sino que estaban legitimados históricamente y repetían la misma historia que durante el Predinástico, especialmente durante el Primer Período Intermedio. Igual que el sol se pone cada día, igual que el Nilo crece cada año, los reyes sureños conquistaban el Bajo Egipto y unían el país tras un período de caos y fragmentación política.

Durante el breve reinado de Kamosis la balanza de la guerra se inclinaba del lado tebano, pero Tebas tenía una debilidad geográfica que intentaron aprovechar los hicsos. El reino de Kush, en Nubia, era independiente, y los hicsos intentaron pactar una alianza que encerrara a Tebas entre dos frentes peligrosos. Pero Kamosis logró interceptar a los mensajeros y atacar Kush, y frustrar la última oportunidad de los reyes hicsos de hacer sobrevivir su dinastía.

Tras la muerte de Kamosis, su hermano Amosis se convirtió en rey siendo aún niño. La situación de Tebas era tan positiva que no hay evidencias de grandes enfrentamientos durante la primera década de su reinado, mientras Egipto estuvo gobernado por la reina madre Ahhotep I. La autoridad hicsa ya era pura ficción, y Amosis se encargó de demostrarlo en cuanto llegó a la edad adulta. Marchó al frente del ejército tebano hacia el norte, tomó primero Menfis y luego Avaris, lo que obliga a los últimos reyes hicsos a huir a Palestina.

El historiador judío Flavio Josefo (siglo I d. C.) fue el primero que interpretó que la ofensiva de Amosis y la huida de los hicsos hacia Palestina a través del

Sinaí, perseguidos por el ejército egipcio, era el hecho histórico que se narra en el Éxodo bíblico:

> (El faraón) tomó seiscientos carros escogidos y todos los carros de los egipcios con sus respectivos capitanes. El Señor endureció el corazón del Faraón, rey de Egipto, que persiguió a los israelitas que habían partido con la frente alta.

Éxodo 14: 7-8

Bien es cierto que no podemos reconocer a los hicsos como judíos, pero no podemos menospreciar la tradición oral, y la dramática (y deformada) historia de la huida de los asiáticos de Egipto podría haberse convertido en parte del pasado legendario de los pueblos cananeos, de los que el pueblo hebreo sí formaba parte. Al sacralizar la historia del Éxodo sus autores incluso emplearon recursos de la literatura egipcia como la separación de las aguas que vemos en el tercer relato del papiro Westcar, escrito en tiempos de los hicsos con cuentos del Reino Medio:

> Entonces el sacerdote-lector en jefe Djadamankh recitó sus palabras mágicas. Entonces puso una mitad del lago sobre la otra […]. Mientras el agua tenía doce codos en el medio, totalizando veinticuatro codos después que fue doblado. Entonces recitó sus palabras mágicas y regresó las aguas del lago a su posición (original).

Ancient Egyptian Literature
M. Lichtheim (ed.)

El ejército egipcio

El importante papel de la reina Ahhotep I fue reconocido también en su extraordinario ajuar funerario. Su cuerpo fue depositado dentro de un sarcófago de madera cubierto por oro y con engarces de obsidiana y alabastro, y lo acompañaban collares, brazaletes, puñales, hachas y un colgante adornado con tres «moscas del valor».

Ajuar de la reina Ahhotep. En el centro, el colgante con las tres «moscas del valor».
[Figura 60]

Todos estos objetos componían la más valiosa y extraordinaria recompensa que pudiera recibir un militar, como vemos en la biografía de Ahmose Pennekhbet:

> No me separé del rey en el campo de batalla, desde (tiempos del) rey Nebpehtire (Amosis I), triunfante, hasta el rey Okhepemere (Tutmosis II) [...]. El rey Okheperkere (Tutmosis I), triunfante, me dio, de oro: dos pulseras, cuatro collares, un brazalete, seis moscas, tres leones y dos hachas doradas.
>
> *Ancient records of Egypt*
> J. Henry Breasted

Gracias a la existencia de fortalezas fronterizas y a los textos que desde tiempos del Reino Antiguo venían redactándose conocemos la preocupación constante de los egipcios por las incursiones de sus vecinos. Pero por aquel entonces las características geográficas de Egipto eran una defensa natural suficientemente violenta capaz de impedir cualquier auténtica campaña militar en Egipto, y por tanto no había necesidad de preparar un ejército profesional. Durante las primeras épocas de la historia de Egipto los «soldados» trabajaban para el rey y se les encomendaba cualquier tipo de trabajo «estatal» sin que se observe ninguna intención expansionista ni imperialista. Parece que la profesionalización del ejército en Egipto es la respuesta a la necesidad de defenderse de amenazas cada vez más peligrosas. Durante el Primer Período Intermedio algunos nomarcas llegaron a formar su propio ejército para protegerse de sus vecinos, y tras esta experiencia y la recentralización del Reino Medio comienza a desarrollarse un ejército estatal, especialmente durante el reinado de Sesostris III. En este período aparecen por primera vez títulos militares como el jefe de los líderes de las milicias urbanas, jefe de los líderes de las patrullas caninas o escriba del ejército. Los

Fortaleza de Buhen, en Nubia.
Fue construida por los faraones egipcios, pero después
fue tomada por los kushitas. Durante el Segundo Período
Intermedio el rey Kamosis reconquistó la fortaleza y erigió allí
una estela conmemorando su victoria.
Hoy en día la fortaleza de Buhen se encuentra bajo las aguas de
la presa de Asuán.
[Figura 61]

reyes Sesostris construyeron y fortificaron una fortaleza militar en Semna, en el Alto Egipto, en la que Sesostris III colocó estelas que narraban sus victorias. Pero la correspondencia conservada entre la fortaleza de Semna y Tebas dibuja un panorama mucho más pacífico, en el que las fortalezas eran espacios de control, pero también espacios administrativos y puntos de nexo e intercambio comercial pacífico con los países extranjeros. Pero todo cambió con los hicsos, el mayor desafío militar al que se habían enfrentado los egipcios hasta el momento. Los hicsos establecieron en Egipto un ejército bien organizado y reforzado por armas de guerra que no existían en

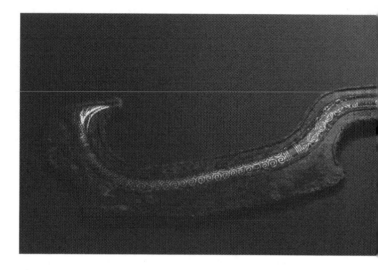

Egipto, como el carro de guerra. Los egipcios adoptaron y adaptaron los carros de guerra de los asiáticos, modificándolo para hacerlo más rápido y ligero que el de sus adversarios, y entrenaron a un cuerpo élite especializado en su manejo.

Como demuestra la campaña de Kamosis, otra de las divisiones que mejoró durante la guerra contra los hicsos fue la armada naval, ya que es indudable que cualquiera que quisiera controlar Egipto debía controlar la gran arteria de comunicación que es el Nilo.

A partir del Segundo Período Intermedio existieron soldados entrenados y dedicados exclusivamente al ejército, y la organización con un rango firme y diferentes cuerpos militares. El rey de Egipto era el capitán general del ejército y existían un gran número de oficiales intermedios, normalmente egipcios. Desde el Reino Nuevo el

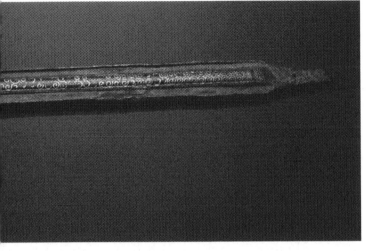

Espada *kopesh*. Este tipo de espada fue creado en Asia,
pero fue adoptado por el ejército egipcio.
[Figura 62]

ejército va a convertirse en un elemento tan importante
del Estado que algunos de estos militares de alto rango
van a medrar hasta llegar a convertirse en reyes aún sin
pertenecer a la familia real, como Horemheb y Ramsés I.

Pero el ejército no ofrecía tantas ventajas para el
soldado raso. A pesar de las heroicas imágenes de las
tumbas (de nobles y reyes) y las celebradas victorias de
las biografías funerarias —y aunque la guerra se encontraba bajo la protección de dioses como Horus Behedety,
Sekhmet, Montu y Seth— la profesión de soldado era
arriesgada y no estaba muy bien considerada entre los
egipcios. El papiro Anastasi III nos menciona que el
entrenamiento era muy duro, los reclutas aprendían
lucha cuerpo a cuerpo a base de golpes. Después del

entrenamiento la situación no mejoraba, sus jornadas de trabajo eran muy largas y su alimentación muy pobre, principalmente pan y cerveza.

Muchos soldados eran destinados a las fortalezas más lejanas, donde llegaban después de caminatas por el desierto cargando como mulos con el cuello lleno de callosidades. Allí estaban lejos de sus familias, corrían riesgos y no tenían la garantía de ser enterrados cumpliendo los ritos apropiados para la continuación de la vida. Este es el caso de los aproximadamente sesenta soldados que fueron enterrados en la tumba de los Guerreros de Deir el-Bahari, cuyos restos muestran signos de una muerte violenta (cráneos aplastados, flechas clavadas, etc.) y signos del abandono de sus cuerpos (como marcas de descarnación por animales salvajes).

Por ello, Egipto tuvo que recurrir frecuentemente a la contratación de tropas mercenarias extranjeras, que en algunas ocasiones llegaron a convertirse en cuerpos de élite, como los arqueros nubios, los meshuash, los nuu (especializados en patrullar por el desierto), los medyau (que actuaban como policía) o los sherdens.

La primera escritura alfabética

La infiltración de asiáticos en Egipto durante el Reino Medio tiene en la dominación hicsa la consecuencia política más destacada, y en la aparición de la escritura protosinaítica el resultado más importante de la aculturación entre egipcios y asiáticos.

El protosinaítico aparece alrededor del siglo xviii a. C. (aunque hay quien lo retrasa hasta el siglo xx a. C.). Es un tipo de escritura que contiene entre veintisiete y veintinueve consonantes que derivan de formas jeroglíficas, pero que son usadas para describir dialectos del semita

Estela grabada con un texto en escritura protosinaítica procedente
de Serabit el-Khadim (península del Sinaí)
[Figura 63]

noroccidental. Así, la letra *aleph* se corresponde con el
jeroglífico 𓃾 , la letra *mem* con el jeroglífico 〰 y la
letra *resh* con el jeroglífico 𓁶 .

Su importancia es capital, es el primer ejemplo
de escritura alfabética de la historia, el ancestro de las
escrituras cananeas como el fenicio (siglo xi), el hebreo
(siglo ix) y el arameo (siglo viii); y por tanto, también
del alfabeto más usado hoy en día en todo el mundo, el
latino.

Este tipo de escritura está atestiguado únicamente
en dos lugares, en el Wadi el-Hol (una ruta desértica entre Tebas y Abidos) y en la montaña de Serabit

el-Khadim, en la península del Sinaí. Las evidencias de presencia egipcia en Serabit el-Khadim datan de tiempos predinásticos, debido a que era un terreno rico en recursos, especialmente turquesa. Durante el Reino Medio se multiplicaron las expediciones mineras a Serabit el-Khadim y se construyó un templo a la diosa Hathor, relacionada con la turquesa. Dado que la península del Sinaí es el eslabón geográfico que une África y Asia, era el escenario perfecto para que se diera este tipo de aculturación. Aunque los egipcios fueron los principales explotadores de las minas de Serabit el-Khadim, la mano de obra era fundamentalmente asiática.

Estos trabajadores son los autores de los textos en escritura protosinaítica, por lo que la mayoría de ellos se encuentran grabados en la roca, aunque también existen bellas excepciones: dos pequeñas esculturas que representan a humanos están grabadas con caracteres protosinaíticos y también existe una pequeña figurilla de una esfinge bilingüe (jeroglífico y protosinaítico).

7

El inicio del Imperio egipcio

A finales del siglo XIV a. C. un barco de quince metros de eslora salió de Chipre, pero por desgracia para sus marineros (y fortuna para los arqueólogos) naufragó cerca de Uluburun, en la costa suroccidental de Turquía, arrastrando al fondo del mar toda su carga. En total, transportaba más de 15 toneladas, ya que cargaba 10 toneladas de metal en forma de lingote (354 de cobre y 40 de estaño) y algunas herramientas, marfil de hipopótamo y elefante (tanto tallado como sin trabajar), huevos de avestruz, madera, vidrio, resina de terebinto (conservada en 150 jarras cananeas), semillas de cilantro, productos agrícolas, armas, cerámica de Chipre y Micenas, y objetos trabajados en oro, como el único escarabeo de oro conocido de la reina Nefertiti. La variedad de materias halladas en un único barco nos indica el nivel de desarrollo que había alcanzado el comercio y las relaciones internacionales en el Mediterráneo durante la Edad del Bronce.

Pero... ¿cómo podría haberse reunido semejante botín, con productos egipcios, micénicos, chipriotas, cananeos, casitas, asirios? Coincidiendo con el período que llamamos Reino Nuevo, en Egipto algunas mejoras tecnológicas permitieron que algunas naciones se convirtieran en imperios. Estos imperios tuvieron nuevas necesidades económicas que les empujó a llegar más allá de su frontera, ya fuera luchando o comerciando unos pueblos contra otros. Y el Mediterráneo se convirtió en la autopista principal de las complejas relaciones entre estas naciones e imperios, en el que todos estaban de una u otra manera conectados. Una situación nueva que nos obliga a conocer, aunque brevemente, a los vecinos de Egipto y su relación para comprender la propia dinámica histórica de Egipto.

Aunque Egipto había establecido contactos muy enriquecedores con pueblos extranjeros, nunca había sido en este grado. Desde el Segundo Período Intermedio las naciones talasocráticas del Egeo entraron con fuerza en el mundo mediterráneo oriental. Las pinturas de Avaris en Egipto, y las de Creta y Akrotiri, en el Egeo, son la prueba de relaciones culturales intensas entre ambas culturas, pero el intercambio no fue solo artístico, durante el reinado de Amenhotep III se llevaron a Micenas, Knossos y Khanis estelas de fundación de fayenza con cartuchos con el nombre del rey y la reina. Este tipo de documento y este material son muy escasos fuera de Egipto, por ello se ha puesto en relación con posibles embajadas diplomáticas. En la misma dirección podría apuntar la existencia de la llamada Lista

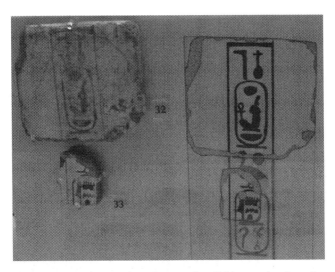

Cartuchos con los nombres de *nesut-bity* (*Nebmaatra*) y de *sa Ra*
(*Amenhotep heqauaset*) de Amenhotep III hallados en Micenas
[Figura 64]

Egea, una serie de cartuchos con topónimos de diferentes
puntos del mar Egeo aparecida en la base de esculturas
del rey Amenhotep III en su templo funerario de Kom
el-Hetan, que en cualquier caso muestran un conocimiento preciso del Egeo en Egipto.

Los contactos entre diferentes culturas no siempre
eran directos, la franja costera de Siria-Palestina cana-
lizó gran parte del tráfico cultural y económico a través
de sus rutas terrestres y sobre todo sus puertos, probablemente los más activos del Mediterráneo durante
la Edad del Bronce. A mediados del siglo XIII el barco
de un comerciante de nombre Sinaranu llega de Creta
(*Caphtor*) a Ugarit, y el rey de esta ciudad-Estado deja
por escrito la exención de este barco mercante de pagar
ningún impuesto cuando llegue: «Desde el presente día

Ammistamru, hijo de Niqmepa, Rey de Ugarit, libra a Sinaranu, hijo de Siginu. Mientras [el Sol] sea puro, él es puro. Su [grano], su cerveza, su aceite, no debe entregar al palacio. Su barco está exento (de impuestos) cuando llegue de Caphtor».

Ugarit (actual Ras Shamra) fue una ciudad portuaria en el actual Estado de Siria, cerca del golfo de Alejandreta y frente a la península de Karpasia (Chipre). En la Edad del Bronce, la zona de Siria-Palestina estaba ocupada por distintos reinos como Yamhad, Karkemish, Ugarit, Gubla, Qatna, Hashor y Alalah, políticamente cooperativos pero económicamente competitivos. Se trataba de pequeños Estados que en muchos casos controlaban únicamente una ciudad y las tierras inmediatamente alrededor, pero que convirtieron la zona del levante mediterráneo en uno de los focos comerciales y culturales más importantes de la Edad del Bronce. La destrucción de Ugarit en el siglo XII a. C. permitió que se conservaran sus archivos (que datan entre el siglo XIV-XII), lo que permitió desvelar uno de los eslabones esenciales de la cultura occidental. Los textos, escritos en diferentes lenguas como egipcio jeroglífico, hitita jeroglífico y cuneiforme, hurrita, micénico linear, chipriota, acadio y ugarítico; describen transacciones, mitos, rituales, inventarios, y nos dejan ver la existencia de una sociedad cosmopolita. La religión cananea tuvo una gran influencia en culturas contemporáneas como la egipcia, que llegó a adoptar a Ba'al en su panteón. Sin embargo, militarmente estas ciudades eran incapaces de enfrentarse a los imperios vecinos y frecuentemente estuvieron bajo el vasallaje del imperio más poderoso del turno. Esta situación les obligaba a pagar impuestos a los grandes imperios, como se puede ver en las magníficas pinturas de la tumba del visir egipcio Rekhmire, pero los

Parte de la procesión de extranjeros que llevan a Rekhmire objetos
lejanos como cerámica, animales y marfil
[Figura 65]

resultados arqueológicos demuestran que no les impidió seguir floreciendo económicamente.

Uno de los imperios más poderosos de la Edad del Bronce, y también el principal rival militar de Egipto durante el Reino Nuevo, fueron los hititas. Los hititas son un pueblo de origen indoeuropeo que penetró en Asia Menor desde los Balcanes o el Cáucaso en varias oleadas desde el III milenio a. C. La más importante de ellas se asentó en Anatolia central, primero en la ciudad de de Nesa y después en Hattusa, que convirtieron en su capital, y después en Hatti, que convirtieron en su capital. La historia de los hititas, como la de Egipto, se ha dividido en períodos denominados reinos. Durante el Reino Antiguo (1600-1450 a. C.) Hatti logró convertirse en una potencia internacional, tanto que el rey Mursili I llegó a tomar a Ebla y Babilonia, pero tras su muerte comenzó un período de una decadencia política que coincidió con el ascenso del reino de Mitanni y el Reino Medio hitita (1450-1380 a. C.). El período del Imperio hitita, el de mayor esplendor y expansión, comenzó hacia el año 1380 a. C., cuando el rey Suppiluliuma I llegó al trono, y finalizó hacia el año 1200 a. C. con la destrucción de su capital. Entonces Hatti llegó a controlar toda la franja del Levante mediterráneo desde Anatolia central hasta el Éufrates. Suppiluliuma I proyectó la expansión de Hatti por Siria, lo que desembocaría en conflictos con los reinos de Mitanni, Egipto o Asiria. Tras su muerte se hizo patente la debilidad de un Imperio demasiado grande que acabaría por desaparecer hacia el año 1200 a. C. debido a la invasión de los llamados pueblos del mar.

Coincidiendo con la crisis de Hatti, tras el asesinato de Mursili I, el reino hurrita de Mitanni se convirtió en el mayor poder político de Siria y Alta Mesopotamia. Su sistema político se basaba en una monarquía que dominaba y protegía un territorio organizado en reinos

Decoración de la cabecera de la cama de madera y marfil
encontrada en la tumba 79 de Salamis. El repertorio de esfinges,
palmetas, dios *heh*… nos remite a la influencia de Egipto y
Oriente en la isla.
[Figura 66]

vasallos semiindependientes y terrenos entregados a
una nobleza terrateniente guerrera (*maryannu*, 'el que
posee carro y caballo'). Desarrollaron un avanzado
sistema jurídico y militar, y un sofisticado sistema de
diplomacia basado en alianzas matrimoniales con los
grandes imperios vecinos. En Egipto, Tutmosis IV y
Amenofis III tuvieron esposas mitanas y el rey hitita
Khattushilis III se casó con la princesa mitana Pudu-
Khepa. A pesar de su innegable importancia política,
militar y cultural siguen existiendo bastantes lagunas
sobre el reino de Mitanni, incluyendo el emplazamiento

exacto de su capital Wasuganni. La decadencia del reino de Mitanni coincidió con el reinado de Amenhotep III, y a principios del siglo XIV a. C. acabaría desapareciendo por presión de hititas y asirios.

La expulsión de los hicsos y el comienzo del Reino Nuevo marcó una nueva era de relaciones entre Egipto y Chipre. Como ocurría en la costa sirio-palestina, Chipre no estaba unificada políticamente y era incapaz de competir militarmente con cualquiera de las grandes potencias del Oriente mediterráneo, pero Egipto no desarrolló en la isla una política imperialista, sino que inició una relación basada en el comercio e intercambio de materias primas. La importancia de Chipre se debía especialmente a su riqueza en madera y cobre, y a su situación geoestratégica, ya que podía ofrecer refugio y avituallamiento durante los viajes por el Mediterráneo. Las cartas del archivo de Amarna testimonian nítidamente que el material más demandado de Chipre era el metal, a cambio del que se demandaban otros bienes de prestigio manufacturados:

> Mensaje del rey de Alasia (Chipre) al soberano de Egipto, mi hermano: debes saber que yo prospero y que mí país prospera. Mira, te mando con mi mensajero 100 talentos de cobre. Además, puedan ahora tus mensajeros traer algunas mercancías: una cama de ébano, oro (decorado)…; y un carro sushitu, con oro; dos piezas de lino; cincuenta mantones de lino […].

> *Chipre. Encrucijada en el Mediterráneo oriental*
> V. Karageorghis

Aunque en Chipre se conocen objetos de origen egipcio con anterioridad a la XVIII dinastía, es coincidiendo con la expulsión de los hicsos por Ahmosis I cuando comienza un período mucho más próspero de intercambios, que llega a su apogeo con Amenhotep III. En un complejo funerario de Palaepaphos-Teratsoudhia se encontró un fragmento de vaso de serpentina con el nombre de Ahmosis I en un cartucho; en Palaepaphos, un escarabeo de caza de Amenhotep III, y en Enkomi uno de su esposa, la reina Tiy. Las relaciones posiblemente llegaran a enfriarse durante el reinado de Akhenatón, pero se retomarían de nuevo tras su fallecimiento, como demuestra el hallazgo de un cetro de fayenza con el cartucho del rey Horemheb en el yacimiento de Hala Sultan Tekke.

En Mesopotamia, Hammurabi llegó al trono de Babilonia en el año 1792 a. C., puso fin a siglos de lucha entre diferentes dinastías. Sin embargo, sus sucesores no fueron capaces de mantener la estabilidad del reino. En 1595 el rey hitita Mursili I conquistó Babilonia, pero Hatti no tenía capacidad para incorporar a sus territorios una ciudad a dos mil kilómetros de su capital y los casitas fueron quienes sacaron mayor provecho al iniciar una nueva dinastía en Babilonia. La Babilonia casita va a perder su importancia en la política exterior, aunque jugaría un papel importante en la Baja Mesopotamia dentro de la rivalidad Hatti-Egipto.

¿UN PROBLEMA FAMILIAR? EL REINADO DE HATSEPSUT

Aunque Amosis pertenecía a la familia de la XVII dinastía, fue proclamado el fundador de la XVIII dinastía gracias a sus éxitos, comenzaba así el Imperio Nuevo de Egipto.

Después de Amosis reinó su hijo Amenohotep I, que murió sin descendencia. La nueva dinastía se enfrentó por primera vez al problema de la legitimización

Reina Ahmose Nefertari
[Figura 67]

dinástica. El elegido fue Tutmosis I, que contrajo matrimonio con la princesa egipcia Ahmose.

Aunque el rey de Egipto debía ser un hombre, el sistema de herencia era matrilineal. Es decir, eran las mujeres de la familia real quienes otorgaban el derecho a gobernar, y el rey estaba legitimado gracias a ellas. Tutmosis I parecía tener esto muy claro cuando se aseguró de ser representado junto a la reina madre Ahmose Nefertari en las *Estelas de coronación*. La anciana reina viuda poseía los títulos de gran esposa real, esposa del dios y madre del rey, y por tanto encarnaba la tradición y legitimación.

Estos títulos son el resultado de la importancia cada vez mayor de las mujeres, en las que el rey Amosis I se apoyó para asegurar la posición de la institución real dentro del recién unificado Egipto. Las grandes esposas reales consiguieron privilegios como escribir su nombre en cartuchos, y frecuentemente eran también las elegidas como esposas del dios. Mediante este cargo religioso, los faraones aseguraban el control político, religioso y económico del reino, ya que el cargo vinculaba al heredero con el dios Amón y además estaba dotado de un gran patrimonio heredable. Para asegurar una transición pacífica entre reyes, muchas princesas recibieron el título de esposa real durante el reinado de su padre.

La importancia de la mujer también tuvo su reflejo en el mundo del arte, y durante el Reino Nuevo se generaliza la representación de la familia real, del rey acompañado por su gran esposa y sus hijas, un tipo iconográfico que alcanza su cenit en el período amarniense.

La muerte sin descendencia de Ahmes-MeritAmón, hija de Ahmose Nefertari y esposa del dios, fue aprovechada por Tutmosis I para nombrar a su hija Hatshepsut nueva esposa del dios, con lo que la princesa quedaba introducida en la línea sucesoria. Del matrimonio entre Ahmose y Tutmosis I no nació ningún varón, así que Tutmosis II, hijo del rey con una esposa secundaria, fue casado con Hatshepsut y nombrado heredero.

Tras la muerte de Tutmosis II, de nuevo sin descendencia masculina, el elegido fue otro hijo de una esposa secundaria que en aquel momento era un niño, Tutmosis III. El linaje, títulos y las últimas experiencias de gobierno disponían que Hatshepsut pudiera reinar sin problemas hasta que Tutmosis III tuviera la edad adecuada. De los primeros reyes de la XVIII dinastía probablemente solo Tutmosis I fue nombrado rey siendo adulto, y las reinas madres Ahhotep, Ahmose-Nefertari y Ahmose fueron quienes gobernaron realmente Egipto durante al menos la mitad de los primeros setenta años de la dinastía.

El reinado de Hatshepsut se ha reconstruido encajando de manera un tanto artificiosa las piezas que conocemos: que se hizo coronar rey, se representó como un hombre y sus monumentos fueron destruidos. Los primeros investigadores asumieron que el único motivo que unía las tres piezas era el odio y la venganza de Tutmosis III hacia su madrastra Hatshepsut, pero podría haber más razones.

Para representarse a sí misma Hatshepsut tomó los numerosos modelos de autoridad que le permitía su posición: rey, hija de Amón, esposa del dios, gran esposa del rey y reina regente. Pero su coronación no significó la marginación de Tutmosis III, Hatshepsut mantuvo la cronología basada en los años de reinado de Tutmosis III y en muchas ocasiones fueron representados juntos en los templos. Durante los últimos años del reinado de Hatshepsut, Tutmosis III tuvo un puesto relevante y dirigió al ejército egipcio en importantes campañas militares por el extranjero.

La nueva posición de la reina se respaldó por gracia divina. Según se representa en los relieves del templo de Hatshepsut en Deir el-Bahari, el dios Amón tomó la forma de Tutmosis I y yació con su madre Ahmose, a quien «encontró durmiendo en su hermoso palacio. El olor del dios la despertó e hizo que sonriera a su Majestad [...]. Después de acercársele mucho y de que ella quedara extasiada contemplando su virilidad, el amor de Amón penetró en su cuerpo. La Majestad de este dios hizo todo aquello que deseaba, [Ahmose] le dio todas las alegrías posibles y lo besó. [Ahmose:] "Qué grande es tu potencia, es agradable contemplar tu cuerpo después de que has difundido por todo mi cuerpo».

Tras la muerte de Hatshepsut, Tutmosis III mantuvo en su corte a los funcionarios de confianza de la reina y no destruyó las esculturas y cartuchos de Hatshepsut hasta el año 42 del reinado de Tutmosis III, veinte años después de la muerte de la reina. Esta *damnatio memoriae* se ha interpretado como un intento de fortalecer la sucesión de Tutmosis III a favor de su hijo Amenhotep II cuando preveía que se acercaba el momento de su muerte. La muerte sin descendientes masculinos de los reyes que habían precedido a Tutmosis III provocó que la línea sucesoria real se fuera desviando de la línea sanguínea de los ahmosidas. Finalmente el príncipe Amenhotep II no tenía ninguna relación con la línea de Hatshepsut que se remontaba hasta la reina Tetisheri, esposa de Seqenenra Taa. Si esta teoría fuera cierta el ataque a las imágenes de Hatshepsut no fue una venganza personal de Tutmosis III, sino el intento por fortalecer la nueva rama de la familia real egipcia.

El reinado de Tutmosis III

Tutmosis III reinó en Egipto durante cuarenta y seis años, los primeros veintiuno en corregencia con su tía y madrasta Hatshepsut, y después en solitario. Fue en este período cuando Egipto desarrolló una mentalidad y forma de gobierno realmente imperialista. Su reinado ha pasado a la historia como uno de los períodos de mayor esplendor debido a las victoriosas campañas militares que llevaron las fronteras de Egipto a su máxima extensión, una administración eficiente que permitió el funcionamiento de un inmenso Imperio, y un espectacular programa constructivo.

Durante el año 1457 a. C. Tutmosis III venció en Megido al rey de Qadesh, líder de una gran coalición de

Decoración del séptimo pilono del templo de Karnak, en el que
Tutmosis III golpea a enemigos asiáticos. Tras ellos aparece una
gran lista de cartuchos con el nombre de los pueblos que sometió.
[Figura 68]

reyes que defendían los intereses de Mitanni y controlar
una de las ciudades estratégicamente más importantes para el acceso a Siria. Con las siguientes campañas
consiguió controlar tanto los puertos marítimos como
las rutas terrestres del Levante que se encontraban en la
esfera de influencia de Mitanni, y finalmente en la octava
campaña asiática se enfrentó al propio egipcio mitano, al
que derrotó en Alepo y en Karkemish. Esta victoria fue
el golpe de efecto definitivo con el que Egipto se elevaba
a Imperio internacional.

Durante el reinado de Tutmosis III el Imperio
egipcio incrementó tanto su prestigio como sus gastos, y
estas cargas recayeron sobre los reinos sometidos a través
del saqueo y la toma de botines, y por medio de *regalos* de los
reinos vasallos y aliados como Chipre, que pasó de aportar

cuarenta lingotes de cobre durante la séptima campaña asiática a ochenta lingotes durante la novena. Los pocos reinos que podían enfrentarse a Egipto se opusieron a la nueva soberanía egipcia y a sus abusivos impuestos. Durante el año 1449 a. C. Qadesh y Mitanni se sublevaron y Tutmosis III volvió a Asia para derrotar a sus enemigos. La segunda victoria supuso la consolidación del poder egipcio en Asia, y el inicio de un período de paz en la zona.

Las conquistas de Tutmosis III fueron grabadas sobre los muros de los templos o sobre estelas igualmente ubicadas en la casa del dios, como la *Estela de Gebel Barkal* o la *Estela poética*. En estos documentos se exalta la relación del rey con Amón, que lucha contra sus enemigos y les derrota gracias a sus órdenes y favores:

Palabras dichas por Amón-Re, Señor de los Tronos de las Dos Tierras: ¡Sé bienvenido a mí y regocíjate al ver mi belleza, hijo mío, mi protector, *Menkheperre* [Tutmosis III], que vives eternamente! [...]. Te concedo el valor y la victoria sobre todos los países; instalo tu poder y el temor a ti en todas las tierras [...].

Hago que tus enemigos caigan bajo tus sandalias, (para que) pisotees a los rebeldes y los adversarios [...].No hay quien pueda volverse agresivamente en la proximidad de tu majestad, sino que siendo yo tu guía, eres tú quien les da alcance. Has cruzado las aguas del Éufrates en Naharina (Mitanni) [...]. Mi Uraeus, que está en tu frente, los consume; él extiende la devastación entre los perversos y quema a los isleños con su llama; corta las cabezas de los asiáticos, sin que escape ninguno de ellos, cayendo postrados temblando ante su rey [...].

Textos para la historia antigua de Egipto
J. M. Serrano Delgado

Como vemos en este texto, Tutmosis III no se presenta tanto como un militar sino como una herramienta del dios Amón en la tierra. Así también deben entenderse los relieves que decoran el templo de Karnak. En el pilono del templo de Karnak Tutmosis III es representado abatiendo con la maza a los enemigos, con la canónica y milenaria postura del *smiting god* que ya hemos visto en la paleta de Narmer, entre otros ejemplos. Como los pilonos eran los elementos arquitectónicos que separaban el exterior y el interior del templo, la ubicación de escenas de guerra sobre sus paredes provee de fuerte significado simbólico a las imágenes. Gracias a ellas estos muros no solo defendían el templo del mundo exterior materialmente, sino también mágicamente, ayudando a mantener a *maat* a salvo del caos del mundo exterior personificado en la figura de los extranjeros.

En el mismo templo se encontraba un complejo de cuarenta metros de anchura conocida como *ajmenu*, un complejo para conmemorar la fiesta hed seb de Tutmosis III. Es una de las partes más extraordinarias del templo debido tanto al estado de conservación de su pintura como a la excepcionalidad de sus relieves. Al noroeste del complejo, en una sala conocida como Jardín Botánico de Tutmosis III se grabaron en relieve un gran número de plantas y animales procedentes de Asia. El nombre de esta estancia sugiere que las imágenes representan un gabinete de curiosidades moderno, pero esto es una (frecuente) lectura errónea del significado de sus imágenes sin tener en cuenta su contexto. La ubicación, la pintura (un cielo estrellado) y los relieves (plantas y animales exóticos) forman parte de un único programa decorativo, la representación de la expansión de Egipto y del dominio universal que ha alcanzado Tutmosis III gracias a sus victorias en Asia.

Representación de flora en el Jardín Botánico o *ajmenu* de
Tutmosis III en el templo de Karnak
[Figura 69]

Aunque el rey se represente como un paladín al
servicio de la divinidad, el motivo de sus campañas no
fue religioso sino económico, el control y explotación de
una zona con una economía rica; y defensivo, mantener
alejados a otros reinos con capacidad para amenazar el
territorio egipcio. Por ello Tutmosis III tuvo en cuenta
que sin programa político ni administrativo a largo
plazo las victorias militares no podían conducir a una
victoria efectiva, y ordenó un control económico que se
tradujo principalmente en pago de tributos y confisca-
ción de tierras. Como la zona conquistada contaba con
bases políticas sólidas y una organización efectiva, respetó las
instituciones existentes, aunque enmarcadas en nuevas
divisiones administrativas: Amurru, en Siria central;
Upi, en Siria meridional; y Canaán, en Palestina. Cada
una estaba gobernada por un funcionario, generalmente
egipcio, que recibía el título de superintendente de los

países extranjeros septentrionales, y controlaba a los reyes locales. Tutmosis III también ordenó llevar a Egipto a los hijos de los jefes locales, para obligar a los reyes a obedecer al mismo tiempo que educaba a los futuros reyes en la cultura egipcia y creaba con ellos lazos de fidelidad que esperaba que perduraran cuando regresaran a su país.

Durante los últimos años de reinado de Tutmosis III su hijo y sucesor Amenhotep II fue nombrado corregente. Amenhotep II tuvo que sofocar de nuevo algunas rebeliones en el territorio asiático, pero durante su reinado se produjo un cambio en las relaciones con Mitanni, que empujado por el creciente poder hitita, cesó en las hostilidades con Egipto e inauguró una nueva vía diplomática basada en alianzas matrimoniales. Su hijo Tutmosis IV contrajo matrimonio con la hija del rey mitano Artatama I, identificada con Mutemwya, madre del futuro Amenhotep III, quien a su vez tendría por esposa a varias princesas mitanas, Giluhepa y Taduhepa.

LA REFORMA RELIGIOSA DE AKHENATÓN

El rey Tutmosis IV fue hijo de una esposa secundaria y al parecer encontró resistencia a su coronación, por lo que tuvo que legitimar su posición a través de la epifanía del dios Harmaquis-Ra-Atum, que recogió en la llamada *Estela del sueño* que mandó colocar entre las patas de la esfinge de Giza. Según este texto, el joven príncipe Tutmosis IV se tumbó a descansar de una cacería a la sombra de la esfinge, que se apareció en su sueño y le dijo que se convertiría en rey si la desenterraba de la arena que la cubría.

Fábulas aparte, el reinado de Tutmosis IV es un punto de inflexión en la historia de la XVIII dinastía.

Durante los reinados de sus predecesores, el clero de Amón había ido ganando poder, o lo que es lo mismo, quitando poder a los reyes. Tutmosis IV intentó detener el avance del clero tebano y declaró que su derecho a reinar no provenía de Amón, como había sido el caso de Hatshepsut o Tutmosis III entre otros, sino de la divinidad solar Harmaquis-Ra-Atum.

Su sucesor fue Amenhotep III, padre de Amenhotep IV, más conocido como Akhenatón. El reinado de Akhenatón y su revolución religiosa es frecuentemente entendida como un paréntesis surgido súbitamente, fruto de la visión de un genio o del delirio de un enfermo. Pero en realidad se venía gestando desde hacía muchos años. Amenhotep III heredó y mantuvo un reino pacífico y próspero, como demuestra el imponente templo mortuorio que construyó en Luxor, hoy en día en ruinas pero inmortalizado por las estatuas del rey entronizado conocidas como *Colosos de Memnón*.

Tras la celebración de su fiesta *heb-sed*, Amenhotep III comenzó a realizar cambios que su hijo llevará al extremo, como la divinización en vida de la pareja real. El cambio en la concepción monárquica de Amenhotep III viene de la mano de un cambio en sus funciones y representación. En algunas ocasiones la reina principal Tiye asume las funciones guerreras del rey y es representada como una esfinge venciendo a sus enemigos, mientras que el rey empieza a emitir un tipo especial de escarabeos, los escarabeos conmemorativos de cacería, en los que se graba un texto que representa a Amenhotep III de forma mucho más humana y cercana.

Probablemente el príncipe Amenhotep IV compartiera los últimos años de reinado de su padre como corregente, y probablemente los cambios que inició su padre influyeron en su manera de entender la realeza

Colosos de Memnón
[Figura 70]

y la religión. Pero este los llevó al extremo, al que nadie había llegado antes, e instauró el monoteísmo en Egipto durante el quinto año de su reinado, cuando cambió su nombre Amenhotep IV ('Amón está satisfecho') por el de Akhenatón ('Esplendor de Atón').

Pero el debate aún sigue abierto, ¿cuáles eran las razones de Akhenatón para llevar a cabo cambios tan radicales? Si descartamos una auténtica epifanía del dios y la imposición de la piedad personal del rey, las teorías se debaten entre motivos religiosos y políticos, aunque probablemente ambos influyeran. Durante el inicio del Reino Nuevo el clero de Amón había ganado tanto poder que pronto llegaría a disputar el trono a los reyes (como veremos), y la reformas de Akhenatón acababan de golpe con sus privilegios y sus aspiraciones. Pero el verdadero epicentro de la reforma amarniense no está en que se eligiese otra divinidad principal (eso ya había pasado en otros períodos de Egipto, y Atón es una divinidad solar relacionada en cierto modo con Ra), ni en que se adorase a un único dios, la esencia de la reforma amarniense es que se transformó la forma del culto.

Durante la XVIII dinastía los reyes habían perdido la hegemonía religiosa, y no solo a causa del clero de Amón. Los nobles ahora encargaban estelas en las que se presentaban directamente ante los dioses sin mediación real y Akhenatón quería acabar con las prácticas de piedad individual que amenazaban la hegemonía real. La reforma de Akhenaton no removía por completo los cimientos de la religión egipcia, y conceptos como *maat* y la vida después de la muerte seguían formando la base de la nueva religión, pero el culto a Atón corregía el problema de la religión individual enfatizando el papel del rey y su familia en la religión, en el culto amarniense las únicas personas que tenían acceso al dios era la familia real, aunque ya tampoco eran personas.

Las escenas íntimas de Akhenatón y su familia sustituyeron
a las imágenes de los antiguos dioses en las casas de los nobles
y funcionarios
[Figura 71]

No se conserva ninguna cosmogonía relativa a
Atón, pero su interpretación no variaba excesivamente
respecto a otras cosmogonías egipcias. Atón concentra
los poderes masculino y femenino y aunque no tiene
género es capaz de procrear por sí mismo. Por tanto el
universo atoniano quedaba completo con la segunda
generación, la del rey y la reina. Atón, Akhenatón y
Nefertiti formaban una tríada capaz de contener todas
las fuerzas del universo. Tal vez así debamos interpretar la enigmática transformación del canon artístico
amarniense. Si como hemos visto, no podemos aplicar
al arte egipcio la teoría de «el arte por el arte» habría
que descartar inmediatamente algunas de las teorías
propuestas, como que el rey padecía el síndrome de

Rey Amenhotep IV o Akhenatón
[Figura 72]

Marfan. Akhenatón no es representado como los reyes que le sucedieron porque ya no es un rey, sino un dios. Como tal, posee características femeninas y masculinas y es representado deliberadamente andrógino.

UNA NUEVA RELIGIÓN, UNA NUEVA CIUDAD

La reforma religiosa de Akhenatón incluía la creación de una nueva capital en la que el rey pudiera gobernar y afianzar su religión sin temer a los viejos poderes sustituidos. La ciudad de Akhetatón ('El horizonte de Atón'), más conocida por su nombre árabe Amarna (o Tell el-Amarna) fue ocupada durante los últimos once años del reinado de Akhenatón y fue prácticamente abandonada tras su muerte.

Por el rápido abandono, el yacimiento de Akhetatón representa un registro único para el estudio de muchos aspectos de la historia de Egipto: urbanismo, historia política, historia del arte, vida diaria…

El sitio elegido para construir la ciudad de Amarna fue una planicie en la ribera este del Nilo, en un punto justo a medio camino entre Menfis y Tebas. La ciudad fue construida en forma de un gran arco de cuatrocientas cuarenta hectáreas y trece kilómetros de sur a norte que bordeaba por el este con una cadena montañosa y por el oeste con el río.

A pesar de que los límites urbanos de la ciudad estaban bastante bien definidos por los accidentes geográficos, se construyeron al menos dieciséis monumentos conocidos como estelas de fronteras para marcar sus límites sagrados. Se trata de relieves tallados en la roca, generalmente acompañados por estatuas de la familia real, y que siguen un esquema rígido. Son estelas de gran formato, rectangulares, y rematadas en forma de arco donde se encuentra el disco solar adorado por la familia real. Bajo ellos, un texto escrito en jeroglíficos contiene una o varias proclamaciones hechas por Akhenatón en el 5.º año de su reinado, en el 4.º mes de *peret, día 13:*

> En este día, cuando Uno (el rey Akehatón) estaba en Akhetatón, Su Majestad [apareció] sobre el gran carro de electro. Poniéndose en marcha en el buen camino hacia Akhetatón, Su Lugar de Creación [...]. Se presentó una gran ofrenda al Padre, Atón, consistente en pan, cerveza, ganado de cuernos largos y cortos, terneros, aves, vino, fruta, incienso, y todo tipo de verdes frutas frescas [...].
>
> Haré Akhetatón para mi padre Atón en este lugar [...]. No me extenderé más allá de la estela del sur de Akhetatón hacia el sur, ni me expandiré más allá de la estela del norte de Akhetatón hacia el norte [...].
>
> Estela de frontera

Petrie denominó a estos monumentos con letras de la A a la V, dejando huecos en la secuencia para ser rellenados por futuros descubrimientos, el último de los cuales se produjo en 2006, la *Estela H.* Tres de estas estelas (A, B y F) se encuentran en el lado occidental del río, a más de veinte kilómetros de distancia de la ciudad.

El trazado urbano de Akhetatón se organiza en cuadrículas atravesada por una gran calzada, la calzada Real. La calzada Real provee no solo el eje principal para la ciudad sino que también era una vía ceremonial, por la que Akhenatón desfilaba en su carro, como fue representado en muchas de las tumbas de Amarna.

Los trabajos arqueológicos han permitido diferenciar las partes de Akhetatón. Además de la zona productiva, la ciudad se dividía en el palacio norte, el suburbio norte, la ciudad central, el suburbio sur (el barrio donde vivía

Estela S de Amarna en 1908. Esta estela sufrió daños irreparables
cuando se intentó separar de la roca para ser trasladada y vendida.
[Figura 73]

la clase alta), el Kom el-Nana (probablemente un templo
solar), el Maru-Atón (recinto palaciego con templo), y
dos cementerios, el del norte y el del sur.

El núcleo político-religioso de Amarna es conocido
como la ciudad central, donde se encontraban las principales estructuras políticas y religiosas, dos templos principales, por supuesto dedicados a Atón, el palacio Real y
numerosos edificios administrativos.

Al sur del gran templo se encontraron estructuras
asociadas como la residencia del gran sacerdote Panehesy
y el archivo de Amarna, la oficina donde se encontraron
cerca de trescientos cincuenta documentos en arcilla
conocidos como las Cartas de Amarna, uno de los archivos conservados más importantes de la Antigüedad, que

Busto de una mujer (Nefertiti o la princesa Meritatón) en estilo
amarniense encontrado en el taller del escultor Tutmosis
[Figura 74]

custodiaba la correspondencia del rey de Egipto con los
soberanos asiáticos.

El cementerio sur de Amarna es el más grande de
los cementerios excavados de la ciudad que no fueron
usados por la élite. Los enterramientos de este cementerio contrastan con la fastuosidad con la que se suele
asociar al antiguo Egipto. Únicamente unas pocas pren-
das y en pocos de ellos, un simple ataúd de materiales
vegetales, separaban al cuerpo de la arena. El estudio

osteológico de estos cuerpos desvela una triste realidad sobre el antiguo Egipto pocas veces repetida, más de la mitad de los cuerpos examinados no llegaban a los quince años de edad y muchos presentaban lesiones por traumatismo o déficit nutricional.

En la parte más meridional de la ciudad central, al final de una calle que se dirige al este, se encuentra el taller de uno de los pocos artistas de Egipto cuyo nombre es conocido y cuyo estilo puede ser identificado, el escultor Tutmosis.

Tras la muerte de Akhenatón, su hijo Tutankhamón trasladó la corte de nuevo a Menfis, y durante este regreso el taller de Tutmosis fue abandonado. En ese momento Tutmosis se enfrentó al problema que conlleva una mudanza, seleccionar lo que puede ser útil atendiendo a la distancia del viaje, el espacio disponible y el peso y volumen del equipaje para transportar. Y en el caso de un escultor esto es mucho, y más cuando se avecinaba un regreso a la ortodoxia artística que convertía sus anteriores obras en obsoletas e incluso heréticas. El resultado fue el abandono de más de cincuenta obras de arte y modelos de escultor apiladas en un pequeño cuarto de su gran casa, incluido el famoso busto de la reina Nefertiti, uno de los hallazgos más importantes para la historia del arte de Egipto.

TUTANKHAMÓN, LA VACA CELESTE Y EL FIN DE LA REFORMA AMARNIENSE

Hacia el año 1333 a. C. Akhenatón murió y fue sucedido por un rey aún más célebre, Tutankhamón. Hijo del rey y una esposa secundaria, Tutankhamón se convirtió en rey con tan solo diez años de edad y tuvo un reinado muy breve. De hecho, el motivo de su fama se debe más a la azarosa fortuna de las riquezas que acumuló en su tumba que por su importancia histórica.

Los escasos datos del reinado de Tutankhamón indican que su reinado fue un momento de transición, centrado en acabar con la reforma religiosa de Amarna y corregir los desastrosos efectos de la política de su padre. Al poco de ser coronado, el rey Tutankhatón ('Imagen viva de Atón') sustituyó a Atón por Amón en su nombre, igual que su hermana y mujer Ankhesenatón ('La que vive por Atón'), a pesar de ser hija de Akhenatón y Nefertiti.

La fuente de información más importante de su reinado es la llamada *Estela de la Restauración*, erigida en el templo de Karnak, la casa más importante de Amón y lugar de trabajo del sacerdote Ay. La estela describe el abandono de los templos de la religión tradicional, con todo lo que ello conllevaba no solo para los dioses sino también para las personas, paralización de un motor económico de Egipto, pérdida de poder de la clase religiosa... y también es el decreto que marca el punto final del intento monoteísta de Akhenatón.

Dentro del contexto de la restauración religiosa existe otro texto, este mitológico, de gran importancia, el Libro de la Vaca Celeste. El Libro de la Vaca Celeste aparece por primera vez inscrito en la capilla dorada de la tumba de Tutankhamón, aunque probablemente su origen sea anterior al Reino Nuevo. Se trata de un mito que narra el enfado de Ra con los humanos y su castigo, un texto único por su singularidad religiosa y su simbología política.

El Libro de la Vaca Celeste transcurre en un estadio intermedio del tiempo de la creación del universo, en el que los hombres y dioses habitan juntos la tierra que gobierna Ra. En este tiempo dioses y hombres todavía envejecían por igual, y precisamente por volverse

Busto de la diosa Sekhmet
[Figura 75]

viejo y cada vez más débil los hombres se burlaban de Ra y amenazaban con derrocarle. Enterado Ra de esta humillante situación decide defenderse y castigar a los hombres que él mismo creó.

A diferencia del diluvio mesopotámico, del diluvio del Génesis o el mito de Deucalión y Pirro, en el que los dioses utilizan el agua como instrumento de castigo, Ra decide enviar a su ojo en forma de Hathor. Cuando Ra considera que el castigo ha sido suficiente y los hombres vuelven a respetar y temer su poder, es su verdugo quien se rebela y Hathor se transforma en la diosa leona Sekhmet, una forma de la diosa mucho más sanguinaria y totalmente incontrolable, que continúa con la matanza de forma aún más violenta. Conociendo la sed de sangre de Sekhmet, Ra lleva a cabo un astuto

Relieve de la tumba de Seti I (KV17)
que representa a la vaca celeste.
El llamativo color dorado indica su naturaleza divina (vers. 173).
Bajo la vaca encontramos nueve figuras, ocho atienden las patas
y en el centro encontramos al dios Shu sosteniendo el vientre de
la vaca, que simboliza la bóveda celeste (vers. 172).
[Figura 76]

plan. Con colorante rojo tiñe una gran cantidad de cerveza que Sekhmet confunde con sangre humana y bebe hasta saciarse y perder la conciencia.

A pesar de haber perdonado a los humanos y haber restablecido el orden en la tierra, Ra decide ascender al cielo. Con su ascensión, Ra consigue parar el envejecimiento que había provocado las burlas y su debilidad, cada día durante su viaje diario se renueva y logra la vida eterna como corresponde a un dios, mientras los humanos abandonados en la tierra seguimos sufriendo los estragos del tiempo.

Aunque conocemos varias cosmogonías egipcias, solo el mito de la vaca celeste se refiere a un castigo de los dioses a la humanidad. Su recuperación en la época inmediatamente postamarnense y la brevedad de su vida útil puede leerse tanto en clave religiosa como política. Después de que Tutankhamón lo incorporara a su tumba solo vuelve a aparecer en las tumbas de los reyes Seti I, Ramsés II, Ramsés III y Ramsés VI, los primeros monarcas de la XIX y la XX dinastía. La presencia de este texto en estas tumbas reales no puede considerarse una coincidencia sino una reacción frente a las políticas religiosas amarnianas, que legitimaban la sustitución de la vieja dinastía por nuevas dinastías sin sangre real pero respetuosa con la ortodoxia religiosa…

COSAS MARAVILLOSAS… EL DESCUBRIMIENTO DE LA TUMBA DE TUTANKHAMÓN

Las verdaderas causas de la muerte de Tutankhamón no son aún seguras, por mucho que la prensa sensacionalista insista en el asesinato. Lo único seguro a raíz del descubrimiento de su tumba es que murió joven, con apenas dieciocho años, y que no se trató solo de una muerte prematura, sino también imprevista. Las características del enterramiento dan la sensación de precipitación e improvisación, ya que muchos objetos del ajuar eran reutilizados y las dimensiones de la tumba no se corresponden con las de un monarca, sino más bien con las de un personaje importante, a quien probablemente se expropió la tumba. Y sin embargo, quizás ha sido este uno de los motivos de que la tumba se conservara hasta nuestros días. La entrada de la tumba de Tutankhamón (KV62) no se encuentra en una pared vertical como el resto de tumbas reales del valle de los Reyes, sino que fue horadada directamente en el suelo, y sobre ella levantaron sus casas los trabajadores que años después excavaron la tumba de Ramsés VI, construida a escasos metros.

Aunque la tumba no era totalmente virgen, la entrada aún tenía el sello cuando Howard Carter la encontró el 4 de noviembre de 1922, y eso solo podía presagiar cosas maravillosas.

Como era común en el siglo xx, Howard Carter comenzó su carrera como arqueólogo sin formación previa, directamente en yacimientos egipcios de la mano de grandes egiptólogos como Flinders Petrie. Tras varios trabajos llegó a ocupar el puesto de Jefe de inspectores en el Servicio de Antigüedades del Alto Egipto primero, y del Bajo Egipto después, pero tras un incidente con unos turistas franceses pasados de copas Carter dimitió de su puesto. Howard Carter consiguió sobrevivir como dibujante cuando se quedó sin trabajo, pero lo que no podía imaginar es que muy lejos de allí, en las islas británicas, un accidente de automóvil se convertiría en un auténtico golpe de fortuna para él. Resultó que uno de los pasajeros de los coches estrellados era George Herbert de Carnarvon, V conde de Carnarvon y propietario de una gran fortuna personal. Las heridas que sufrió obligaron al conde a reposar. Pero como tenía tiempo, dinero, pasión y curiosidad por la Antigüedad, y necesitaba un clima seco que le ayudara con sus problemas de salud, se trasladó a Egipto y comenzó a cultivar uno de los *hobbies* principales de los occidentales en Oriente, la arqueología o el coleccionismo, que en esos tiempos aún eran lo mismo.

En Egipto le presentaron a Howard Carter, y como uno era un aficionado con dinero, y otro un egiptólogo sin recursos, pronto formaron un gran equipo. Juntos recorrieron Egipto haciendo importantes hallazgos, que en aquel tiempo no tuvieron gran repercusión, cuando la arqueología se movía por el afán coleccionista.

Cuando Carnarvon y Carter consiguieron la licencia para excavar en el valle de los Reyes, era opinión generalizada entre los arqueólogos de Egipto que se trataba de un depósito arqueológico tan explotado que ya estaba vacío. Tras seis años de trabajo en el valle los resultados de Carter daban la razón a los agoreros, y a punto de quedarse sin financiación, Carter jugó su última carta a derrumbar las casas de los obreros de la tumba de Ramsés VI. Bajo ellas encontró la entrada de una tumba real con los sellos intactos. Aunque podría haber avisado a las autoridades y empezar a excavar cuanto antes, decidió tapar de nuevo la entrada de la tumba, escribir a su mecenas y esperar a su llegada para abrirla, mostrando un auténtico ejemplo de paciencia bíblica.

Finalmente, el 23 de noviembre limpiaron de nuevo la entrada y la alegría se convirtió en inquietud. Junto al sello, encontraron signos evidentes de que la tumba había sido hollada y profanada. Nadie podía haber entrado en ella desde al menos la XX dinastía, cuando fue soterrada por las casas de los obreros, pero podría haber sido saqueada ya en la Antigüedad. Carter, que iba el primero, recogió en sus anotaciones estos momentos de angustia:

> Al principio no pude ver nada, pues el aire caliente que se escapaba de la cámara hacía temblar la llama de la lámpara; pero conforme mis ojos se fueron adaptando a la luz, los detalles de la habitación fueron apareciendo lentamente de entre la penumbra: animales extraños, estatuas y oro... por todas partes el brillo del oro.

Suponemos que aún más inquieto se encontraba Carnarvon, que detrás de Carter no podía ver nada con sus propios ojos y preguntó: «¿Ve usted algo?». Carter le respondió, «Cosas maravillosas». Lo primero que debió

El 6 de noviembre de 1922 Carter envía este telegrama a Lord
Carnarvon: «Realizado en Valle descubrimiento maravilloso.
Tumba sorprendente con sellos intactos. He cubierto todo hasta
su llegada. ¡Mi felicitación!».
[Figura 77]

de ver Carter fue la pared de la antecámara frente a la
escalera de acceso, en la que se encontraban tres camas
rituales y apilado bajo ellas un gran ajuar. Un trono, dos
trompetas de bronce, cerámica, arcos y flechas, espadas,
escudos, capillas funerarias, estatuas para el soporte del
ka del faraón, cofres con joyas, ropa y comida.

La envergadura de aquel proyecto (solo vaciar la
tumba llevó diez años) superaba por mucho los medios
de que disponía Carter. Lo que de nuevo demostró tener
fue una estoica paciencia y firme voluntad por trabajar
profesionalmente. Por segunda vez en menos de un mes
tapó la entrada de la tumba, a la espera de recibir ayuda
humana y material. Y aún solo habían entrado en la
primera cámara…

El 17 de febrero de 1923 empezaron a retirar las
piedras de la cámara funeraria. Para entonces la historia
del hallazgo ya había sido difundida y ante un grupo de

privilegiados espectadores, el director Carter se disponía a retirar el telón de la historia y descubrir la cámara funeraria. Ni en la mejor de las obras se podría haber imaginado un guion tan fantástico, el espacio que quedaba tras cada piedra que Carter retiraba, estaba cubierto por oro. Finalmente se consiguió descubrir la pared entera, que pertenecía a una capilla de oro de 5,20 x 3,35 x 2,75 metros, tan grande que prácticamente ocupaba todo el espacio de la cámara. Definitivamente esta no era una pieza fácil de robar, pero ¿podría haber sido suficiente para proteger a la momia?, ¿habrían tenido los ladrones tiempo de llegar hasta ella? Cuando abrieron sus puertas se encontraron ante la puerta de una segunda capilla, y esta sí tenía el sello intacto… Ahora tenían la certeza de que la momia de Tutankhamón aún reposaba en su tumba original, protegido por tres capillas, un sarcófago de granito rojo y tres ataúdes. Se trata de la única cámara de la tumba.

En la pared oeste de la cámara funeraria una abertura daba acceso a la última sala. Este paso no necesitaba puerta ya que estaba obstaculizado por una escultura de Anubis en forma de chacal. La presencia de este guardián significaba que detrás se encontraba la cámara del tesoro o cámara de los vasos canopos, donde se guardaban los objetos más importantes del enterramiento. Veinticuatro cajas de *ushebtis*, treinta y cinco maquetas de barcos, treinta y cinco capillas de madera con figuras del rey y dioses, y una capilla mayor cubierta de oro que guardaba los vasos canopos.

EL FIN DE LA XVIII DINASTÍA

Especialmente gracias a la correspondencia conservada en el archivo de la ciudad de Amarna tenemos muchos datos sobre Egipto en el período bisagra entre la XVIII y la XIX dinastía, aunque tras cada respuesta surge una nueva pregunta.

La política exterior de Akhenatón ha sido a veces descrita como *pax aegyptiaca*, aunque a la luz de las cartas de Amarna esta paz quizás debería ser catalogada de abandono. El rey hitita Suppiluliuma escribió a Akhenatón quejándose porque el envío de regalos entre Egipto y Hatti se había detenido tras la muerte de Amenofis III:

> Así habla Mi Sol, Shuppululiuma, Gran Rey, rey de Hatti, di a Khuriya, rey de Egipto, mi hermano: A mí me va todo bien. Que a ti te vaya todo bien; que a tus esposas, tus hijos, tu casa, tus tropas, tus carros de guerra, a tu país, todo le vaya bien. Ni los emisarios que envié a tu padre, ni la solicitud que hizo tu padre diciendo: "Establezcamos relaciones amistosas entre nosotros" la rechacé. Lo que tu padre me dijo, yo lo hice absolutamente todo. Mi solicitud, la que hice a tu padre, nunca la rechazó; me dio absolutamente de todo. ¿Por qué, hermano mío, has retenido los regalos que mi padre me hacía cuando estaba vivo? Ahora, hermano mío, has subido al trono de tu padre y como tu padre estoy deseoso de paz entre nosotros, de modo que podamos ser amigos uno del otro. La solicitud que expresé a tu padre la expreso a mi hermano también. Ayudémonos el uno al otro. Hermano mío, no retengas nada de lo que pedí a tu padre [...]. Lo que quieras hermano mío, escríbemelo y te lo enviaré.
>
> *Textos para la historia del Próximo Oriente Antiguo*
> F. Lara Peinado (ed.)

Aunque hoy en día el enfado del rey Shuppilulima puede llegar a parecer pueril y caprichoso, el tema no era un asunto menor, ya que el intercambio de regalos entre monarcas era una de las bases principales de la diplomacia durante la Edad del Bronce. A este respecto podemos recordar el detalle con que Homero narra el intercambio de presentes entre monarcas y la genealogía de los objetos regalados. El desagravio debía de ser general ya que a Amarna llegan cartas de otros monarcas no tan poderosos, pero igualmente ofendidos como la de este rey chipriota:

> En lo que respecta a mercancías que no hay [en tu país], te mando [con] mi mensajero una piel de asno [...] y cántaros habannatu. Así debería concertarse una alianza entre nosotros. [...] Además, ¿por qué no me has mandado ungüentos y paños de lino? En lo que a mí respecta, lo que pidas para ti, te lo daré. [...].

> *Chipre. Encrucijada en el Mediterráneo oriental*
> V. Karageoeghis

La falta de atención por la política exterior de Akhenatón llegó al extremo de faltar al más mínimo protocolo, lo que provocó la ira de Shuppiluliuma:

> Y ahora, respecto a la tablilla que me enviaste, ¿por qué colocaste el nombre de mi hermano por encima del mío? ¿Y quién es el que enturbia las buenas relaciones entre nosotros? ¿Se ha convertido esa conducta en tradición? Hermano mío, ¿me has escrito pensando en convertirnos en aliados?

> *The El-Amarna Correspondence*
> W. M. Schniedewind y
> Z. Cochavi-Rainey (eds.)

Pero lo más preocupante es la descripción del estado de abandono de los aliados y vasallos de Egipto, que insistentemente escriben a Akhenatón solicitando refuerzos militares que una y otra vez son denegados. Las cartas de Amarna reflejan un panorama realmente desolador en los territorios asiáticos de Egipto. Un ejemplo entre muchos otros son las quejas y reclamos de Abdi-Hepa, rey de Jerusalén:

> Mensaje de Abdi-Hepa, tu siervo: A los pies de mi señor, el rey, siete veces y siete veces me prosterno [...]. ¿Por qué preferís a los hapiru [n. d. a.: el nombre de una tribu «bárbara»] y os oponéis a los gobernantes? [...]. Preste el rey atención a los arqueros y envíe el rey, mi señor, tropas de arqueros, pues el rey no tiene manos; los hapiru saquean el país del rey. Pero si hubiera arqueros este año, todas las tierras del rey, mi señor, permanecerían (en su poder); pero si no vinieran los arqueros, las tierras del rey, mi señor, se perderán [...].

> *Textos para la historia del Próximo Oriente Antiguo*
> F. Lara Peinado (ed.)

Si la política exterior de Akhenatón había sido nefasta, en Egipto el panorama tampoco invitaba al optimismo, la pareja real había muerto sin descendencia masculina y la información sobre el proceso sucesorio se vuelve oscura. Los últimos años de reinado de Akhenatón, un personaje llamado Semenejkara fue nombrado corregente, pero ¿quién es esta persona tan poderosa de la que no conocemos ningún dato previo? Son muchas las posibilidades y pocas las certezas sobre su origen. Se ha barajado que fuera un hermano de Akhenatón o el esposo de Meritatón, la hija de Akhenatón y Nefertiti. Sin embargo, es muy probable que se tratara de una mujer, la propia Meritatón o su madre Nefertiti, la reina viuda. En una de las cartas de Amarna, presumiblemente de este período, una reina egipcia escribe al rey Shuppiluliuma de Hatti informando de que: «Mi esposo ha muerto. No tengo hijos varones, pero dicen que son muchos tus hijos varones. Si me das uno de tus hijos

Sarcófago procedente de la tumba KV55
[Figura 78]

varones se convertirá en mi esposo». No hay que hacer un gran esfuerzo para imaginar la situación de caos en el palacio de Egipto y de angustia de esta reina, que pretendía entregar el país a su mayor rival político a espaldas de *su* corte. Pero la arriesgada empresa estaba destinada al fracaso. El lógico retraso y recelo que provocó la extraña petición en el rey hitita fue suficiente para que la facción contraria a este matrimonio tuviera tiempo de preparar el asesinato del príncipe hitita. Poco tiempo después de su coronación, Semenejkara desapareció tan súbitamente como apareció.

Relieve de la tumba de Horemheb en Saqqara.
Horemheb mandó construir esta tumba durante el reinado de
Tutankhamón, y se decoró en estilo amarniense con escenas de la
vida militar, como este recuento de prisioneros de guerra.
[Figura 79]

Las muertes de Akhenatón y Semenejkara dejaron
tras de sí otro misterio, la tumba KV55, próxima a la
de Tutankhamón. En esta pequeña tumba se encontraron objetos de ajuares funerarios de distintos reyes y
reinas (vasos canopos, joyas, ladrillos mágicos…), restos
humanos y un bello sarcófago deliberadamente dañado.
Aunque la tumba estaba destinada para la reina Tiy,
madre de Akhenatón, el estudio con métodos modernos
de los huesos hallados en la tumba han concluido que la
momia pertenece a un varón genéticamente relacionado
con Tutankhamón. La violenta destrucción de cartuchos, sarcófagos y momia, y los resultados genéticos
nos dan indicios para reconocer al rey Akhenatón en la
momia de la tumba KV55.

Tras el breve reinado de Semenejkara, el trono de Egipto pasó al hijo de Akhenatón con una esposa secundaria, el futuro Tutankhamón, un niño de solo diez años. Durante el reinado de Tutankhamón, Menfis volvió a convertirse en capital del Estado y se le devolvió a Amón y a su clero el poder que le habían arrebatado y entregado a Atón. No existen muchas más noticias de su reinado, sabemos que fue corto y podemos imaginar que su influencia fue aún menor. A pesar de las heroicas escenas de guerra y caza que vemos en los objetos de su tumba, es más fácil imaginar a Tutankhamón como gacela que como león en su propia corte. Joven y rodeado de experimentados y poderosos hombres de Estado como el sacerdote Ay y el general Horemheb lanzando sobre él los dardos de su ambición. Es difícil pensar que la opinión de Tutankhamón, si es que acaso era solicitada, tuviera mucha importancia en la dirección política de Egipto durante su reinado.

Tras su muerte se desvelaron los dos poderes que realmente movían los hilos de Egipto, el religioso y el militar. El sucesor de Tutankhamón fue Ay, el mismo sacerdote que había ayudado a restaurar el poder de Amón en Egipto y que había oficiado sus ritos funerarios, tal y como vemos en la pintura de su tumba. Es probable que su derecho al trono no proviniera únicamente de su importancia política, sino que estuviera relacionado con la familia real por sangre al ser hermano de Tiyi, esposa del rey Amenhotep III. De ser cierto, debía ser una persona de edad muy avanzada cuando llegó al trono, y ciertamente su reinado duró tan solo cuatro años. Ya fuera por una política desacertada, o por exceso o defecto de edad, el trono de Egipto había carecido durante muchos años de la estabilidad propia del gobierno de un gran imperio. Esta situación finalizó con el general Horemheb, que sucedió al anciano Ay. Aunque su reinado se incluye en la XVIII dinastía, no existe ningún lazo de consanguineidad entre Horemheb y los monarcas anteriores. Su derecho a gobernar procedía únicamente, y no es poco, de la gran capacidad que había demostrado durante una larga vida militar y del poder que había conseguido por méritos propios. Horemheb había iniciado su carrera militar durante el reinado de Akenathón bajo el nombre de Atonemheb (de aquel período se conserva su tumba en Amarna, que abandonó cuando la corte regresó a Tebas), y había ganado su reputación durante el reinado de Tutankhamón cuando Egipto había vuelto a preocuparse por los territorios asiáticos

Para asegurar la estabilidad, Horemheb se rodeó de personajes militares de su confianza, que demostraron ser tan válidos para llevar las riendas de un gobierno como lo habían sido de llevar las de un ejército. Entre los principales logros del Gobierno de Horemheb están devolver la estabilidad a Egipto, acabar con la corrupción del país, eliminar definitivamente las reformas amárnicas y devolver el poder a los templos tradicionales. Con este fin dictó decretos como el que colocó en el templo de Karnak y en Abidos, en el que define el funcionamiento de templos y juzgados y aborda la corrupción y el abuso de poder de funcionarios y soldados. El giro religioso de 180° es evidente, según el texto en una estatua conservada en el Museo de Turín dice ser elegido rey por el dios Horus de Hutnesu, quien lo presentó a Amón. Al mismo tiempo que volvía a la senda de la religión tradicional mandaba destruir los monumentos de Akhenatón y Semenejkara, y usurpaba los de Ay y Tutankhamón, eliminando a los cuatro de la historia. La *damnatio memoriae* estuvo acompañada por el enaltecimiento y la restauración de los monumentos de los reyes anteriores a Akhenatón, que gozaban de prestigio histórico y con los que sí deseaba relacionarse, como la tumba de

Tutmosis IV. Debido a que no puede afiliarse claramente a ninguna dinastía, Horemheb ha sido injustamente valorado únicamente como un rey bisagra, sin embargo, fue un gobernante enérgico que revigorizó Egipto y que a su muerte, sin herederos, dejó como último legado el nombramiento de un sucesor fuerte, Ramsés I, el rey que inaugura la XIX dinastía de Egipto, uno de los períodos más prósperos de la historia del país del Nilo.

8

El Egipto ramésida y el final del Imperio

HORUS CONTRA SETH

Durante las XIX y XX dinastías el culto a Seth tuvo un gran impulso, el dios llegó incluso a dar su nombre a tres reyes de este período, Seti I, Seti II y Sethnakhtres. Este hecho no tiene explicación ni perdón si atendemos al punto de vista de las narraciones de época tardía, los que escucharon y transmitieron los autores grecolatinos con cierto sentido dramático, y en el que se reconoce a Seth como una divinidad maligna. Su inimaginable equivalente en el mundo moderno sería que un papa tomara como nombre de pontificado algunos de los muchos que tiene el diablo.

Sabemos que Seth asesinó a su hermano. Pero ¿era realmente un dios malvado? Y de ser así, ¿por qué fue patrocinado por algunos reyes?

Después de que Seth matara a Osiris y se convirtiera en rey de Egipto, Isis se encontraba en una terrible situación, en medio de un conflicto familiar, viuda, encinta y exiliada. Al abrigo de los juncos del Nilo Isis dio a luz a Horus, el hijo de Osiris, en un pasaje mitológico que tiene sus ecos bíblicos en el nacimiento de Moisés (Éxodo 2:1-3). Tras una dura infancia en la que tuvo que enfrentarse a los constantes peligros que le acecharon en la vida salvaje, hipopótamos, cocodrilos, serpientes, escorpiones... Horus estaba en disposición de enfrentarse a su tío y reclamar el trono de Egipto. Aunque todas las versiones coinciden en reconocer a Horus como legítimo heredero, no todas tienen el mismo desarrollo. Según los Textos de las Pirámides el traspaso se hace de manera pacífica gracias a la intervención de los dioses, reunidos en forma de corte divina: «Las Dos Verdades han escuchado, Shu es testigo. Las Dos Verdades han juzgado que los tronos de Gueb pasen a Horus, que él se eleve». (§317).

La fuente egipcia más extensa sobre el enfrentamiento entre Horus y Seth es el llamado papiro *Chester Beatty I*, que perteneció al escriba de los trabajos, Qenherkhepshef, que vivió durante el reinado de Ramsés V. En él, ya se narran enfrentamientos violentos entre Horus y Seth, y el papel de unos dioses más humanos que omnipotentes. Describe cómo son débiles los dioses que se reúnen en asamblea y son incapaces de ejecutar una orden que terminara con el conflicto; son tramposos los combatientes que mediante tretas y ayudas de terceros intentan superar a su oponente. La contienda finaliza gracias a la intervención de Osiris, que nombra heredero a Horus sin que ni siquiera Seth se atreva a discutir el dictamen:

> ¿Por qué has impedido que se os juzgue y te atribuyes la dignidad de Horus? Y Seth respondió:

«De ningún modo, mi buen señor. ¡Haz que se convoque a Horus, el hijo de Isis, y se le otorgue la dignidad de su padre Osiris!».

«Parentesco y Estado en los conflictos entre Horus y Seth»
M. Campagno

El texto escrito en la piedra de Shabaka da una tercera versión del mito. En este caso el juicio es presidido por Gueb, quien primero entrega a Seth el Alto Egipto y a Horus el Bajo Egipto, pero luego rectifica sin que se manifieste ninguna oposición por parte de Seth:

Le pareció equivocado a Gueb que la porción de Horus fuera igual a la porción de Seth. Y entonces, Gueb dio su herencia a Horus, porque él es el hijo de su hijo primogénito [...]. Junco y papiro fueron puestos en la doble puerta de la Casa de Ptah. Esto significa Horus y Seth, en paz y unidos. Ellos fraternizaron así para dejar de pelear en cualquier lugar en el que estén.

Ancient Egyptian Literature
M. Lichtheim (ed.)

La frecuente interpretación de Seth como encarnación del mal es una distorsión por efecto de la mentalidad grecolatina y posteriormente cristiana, que en Egipto solo se encuentra muy a finales de época dinástica. La lectura de las fuentes originales egipcias nos hace darnos cuenta de que la querella entre Seth y Horus enfatiza el derecho de acceso al trono más que la venganza por el asesinato de Osiris, y que Seth no es necesariamente una divinidad malvada.

Y es que este mito es necesario para comprender la mentalidad egipcia que entendía el orden del mundo gracias a la tensión entre duales opuestos, noche-día,

Las imágenes contradicen la versión mitológica tardía, ya
que Horus y Seth son habitualmente representados juntos,
colaborando para mantener la estabilidad del cosmos egipcio.
[Figura 80]

vida-muerte, seco-húmedo, infinito-corruptible; y
como tiene que la luz no puede existir sin sombra, el
papel del caótico Seth era tan necesario para la conservación de *maat* como el de Horus u Osiris. Así lo vemos en
el relieve de una de las esculturas de Sesostris I hallada en
El Lisht. En él, Horus y Seth sujetan las plantas heráldi-
cas del Alto y el Bajo Egipto y pisan un jeroglífico (⚱)

Horus a caballo arponea a un cocodrilo.
Esta imagen data del siglo IV d. C. y representa la lucha del bien
(Horus, a caballo vestido como un soldado romano) contra el mal
(Seth, representado como un cocodrilo). Tanto el significado del
mito egipcio original como su representación se transformaron en
épocas posteriores.
[Figura 81]

con el significado de 'unión' que sostiene un cartucho con
el nombre del rey. Gracias a esta imagen vemos como el
poder del rey se asienta, literalmente, sobre esta unión
de opuestos.

A pesar de su estatismo, esta escena está completamente cargada de tensión. La exquisita organización
y simetría transmite una sensación de perfección y
debilidad que obliga al espectador a mantenerse atento
y nervioso ante la posibilidad de que a cualquiera de
los dos dioses se le pudiera ocurrir soltar su cuerda y
desequilibrar fatalmente *maat*. Este tema se repite
frecuentemente en obras de reyes de las XIX y XX dinastía, como en el templo de Abu Simbel. En este tipo de

imágenes no hay conflicto, solo equilibrio, y ante ellas nadie podría pararse a pensar quién es el bueno y quién el malo de la escena.

Las formas de actuar del activo y violento Seth y del difunto e inmóvil Osiris son tan opuestas como necesarias para que el cosmos egipcio funcionara correctamente y los difuntos pudieran renacer con Ra. La innegable tendencia a la violencia y capacidad de destrucción de Seth también podía ser canalizada para un propósito positivo para la humanidad. A partir del Reino Medio es frecuentemente representado sobre la proa de la barca de Ra, defendiéndola con su arpón del ataque de la serpiente Apofis, como es descrita en el capítulo 108 del *Libro de los muertos*:

> Ella (Apofis) vuelve su ojo contra Re y la navegación se detiene bruscamente originándose una gran confusión, (porque) traga un codo y tres palmos de agua. Entonces Seth hace partir contra ella su lanza de cobre y la hace arrojar todo lo que había tragado. (Después) Seth se pone ante ella y le dice como encantaciones mágicas: "¡Retrocede ante el agudo cuchillo que tengo en mi mano! Me levanto contra ti para que la navegación de la barca pueda reemprenderse!

> *Libro de los muertos*
> F. Lara Peinado (ed.)

Ramsés II y los templos de Abu Simbel

Cuando Ramsés I fue coronado rey ya era abuelo, y esta categoría evitaba que la XIX dinastía naciera con los problemas sucesorios que habían acabado con la XVIII. También significaba que los primeros reyes de la XIX dinastía no habían sido educados como reyes, sino como militares. Y esta educación fue uno de los aspectos más destacados de sus reinados.

Las principales amenazas para Egipto durante los reinados de Ramsés I y sus sucesores Seti I y Ramsés II procedían del exterior. Estos reyes tuvieron que luchar contra los hititas, contra los piratas sherden (que años después volverían a atacar Egipto como parte de los pueblos del mar) y también en Nubia, que se convirtió en el principal objetivo de la expansión del Imperio egipcio. Seti I llevó a cabo expediciones militares para sofocar las rebeliones iniciadas en Nubia y su hijo Ramsés II fue mucho más allá, quiso pacificar y establecerse en Nubia y para ello inició un ambicioso programa constructivo en la zona. Hasta siete templos fueron fundados por Ramsés II en Nubia: en Beit el-Wali, Gerf Huseein, Derr, Wadi es Sebua, Aksha y dos en Abu Simbel.

Por tanto, la fundación (y funcionamiento) de los templos eran una parte más del mecanismo de conquista de Nubia. Los templos egipcios eran poderosos organismos económicos para cuyo correcto funcionamiento debían entregarse ofrendas y tierras que debían ser trabajadas. Para la construcción de un templo, los arquitectos egipcios necesitaban de materiales y mano de obra que podían conseguirse de forma barata sometiendo a la población local, como recoge la *Estela de Ramose* encontrada en Wadi el-Sebua:

> Año 44: Su Majestad ordenó a su confidente, el virrey de Kush (Nubia), Setau, voz de la verdad, y a los soldados de la compañía de Ramsés Meryamón llamada «Amón es el protector de su hijo», que él debía saquear la tierra de Libia para construir el templo de «Ramsés Meryamón en el dominio de Amón».

Biographical Texts from Ramessid Egypt
Elizabeth Frood

Fachada del templo Mayor de Abu Simbel
[Figura 82]

De los siete templos construidos por Ramsés II en Nubia, los que más han atraído la atención de los visitantes son la pareja de templos *speos* (es decir, cavados en el interior de una montaña) de Abu Simbel, el templo Mayor o templo de Abu Simbel y el templo de Nefertari o templo de Hathor.

El templo Mayor se reconoce por las cuatro representaciones monumentales de Ramsés II entronizado en la fachada. Entre las piernas de estas colosales esculturas se representan algunas de sus hijas y bajo sus pies filas de prisioneros nubios atados. Hay que recordar el sentido mágico del arte para entender esta poderosa imagen, el pretendido contraste entre las hieráticas y equilibradas esculturas de Ramsés II y su familia que representan a *maat*; con las escorzadas y onduladas posturas de los nubios, que representan el caos que el rey ata, pisa, somete y mantiene fuera del templo.

En el centro de la fachada, sobre la entrada del templo se representa una «escultura-jeroglífico» de

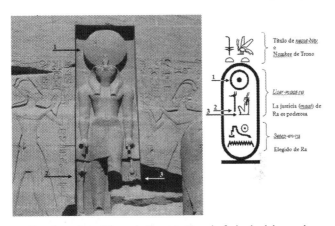

«Escultura-jeroglífico» de Ramsés II en la fachada del templo
Mayor de Abu Simbel
[Figura 83]

Ramsés II, un recurso que juega con la forma y sonido
de los jeroglíficos. El nombre de *nesut-bity* que Ramsés II
eligió fue *Usermaatra* ('Poderosa es la Justicia (*maat*) de
Ra'), y en esta escultura se conjugan los tres elementos
jeroglíficos que lo componen: un dios con cabeza de
halcón y un disco solar (☉: Ra) que sujeta con cada
mano un cetro con la cabeza de un chacal (𝍏 : *user*,
'poderoso') y de una mujer con una pluma en la cabeza
(𓁦 : *maat*).

El templo de Abu Simbel se diseña como un largo
corredor recto con cuatro salas y capillas laterales. La
primera sala es sostenida por cuatro pilares a cada lado,
decorados con la representación de Ramsés II como el
dios Osiris. Sus paredes están decoradas con escenas de
batallas (entre las que destaca la representación de la batalla de Qadesh), y el techo con pinturas de la diosa buitre
Nejbet. En la segunda sala está decorada con escenas de

Capilla del templo Mayor de Abu Simbel
[Figura 84]

procesión y ofrendas, y justo a continuación se encuentra la sala de las ofrendas.

La última estancia del templo es la capilla principal, donde se encuentran cuatro esculturas que representan al propio Ramsés II, Ra-Horajty, Amón y Ptah, las divinidades tutelares de las cuatro ciudades egipcias más importantes, Pi-Ramsés, Heliópolis, Tebas y Menfis. Lo que sugiere esta elección es la idea del templo egipcio como representación del microcosmos que era Egipto. Se trata de un recurso que ya había usado su padre Seti I en el templo de Abidos: representar la parte por el todo, el dios como símbolo de la ciudad, las ciudades como símbolos de Egipto, y Egipto como símbolo del universo.

En el caso del templo de Seti I, construido antes de que Ramsés II construyera la ciudad de Pi-Ramsés, se incluyen capillas de Ra-Heliópolis, Amón-Tebas, Ptah/rey-Menfis, y Abidos representada por la tríada Osiris, Isis y Horus.

Dos veces al año, el 22 de febrero y el 22 de octubre, la alineación del templo coincide con el Sol del amanecer, lo que permite que los rayos atraviesen el pasillo e iluminen completamente las esculturas de Ramsés II, Ra-Horajty y Amón. Este hecho tan extraordinario no parece casualidad, y se ha pensado que sea alguna efeméride de un hecho relevante, la celebración de la fiesta heb-sed de Ramsés II, el día del nacimiento del rey, etcétera.

El templo de Nefertari en Abu Simbel es uno de los pocos templos dedicados a una esposa real y el más espectacular de ellos. Aunque se desconoce su origen, Nefertari se convirtió en la esposa principal de Ramsés II y alcanzó honores extraños en una reina, como la deificación en vida. La importancia que alcanzó Nefertari se ejemplifica perfectamente en la fachada de su templo en Abu Simbel, donde es representada al mismo tamaño que el rey.

A pesar de su monumentalidad y su buen estado de conservación, los templos de Abu Simbel han tenido una historia difícil. En la Antigüedad sufrieron un terremoto que destrozó parte del cuarto coloso de la fachada del templo Mayor, y más tarde quedaron sepultados por la arena del desierto hasta que fueron redescubiertos por Burckhardt en 1813. En el año 1947 estuvieron a punto de ser sepultados de nuevo, esta vez bajo el agua. La construcción de la presa de Asuán con la que se pretendía regular las crecidas del Nilo tenía previsto anegar una gran área arqueológica donde se encontraban entre otros, los templos de Abu Simbel. La petición de ayuda internacional permitió a la UNESCO trasladar los templos montaña arriba, respetando las fechas del efecto solar y la destrucción por el terremoto. La contribución de España en la protección de los templos de Abu Simbel fue recompensada con el regalo del vecino templo de Debod, que también iba a quedar sumergido en la presa.

FARAONES CONTRA EL CAOS. LA BATALLA DE QADESH

Si ha sido el colosal programa constructivo de Ramsés II lo que le ha hecho merecedor del sobrenombre el Grande, su éxito en el campo militar y en la política internacional es perfectamente comparable.

Durante los primeros años de su reinado, el joven rey vio amenazadas todas sus fronteras y tuvo que enfrentarse a los guerreros libios que llegaban del desierto y a los guerreros sherden, piratas que hacían del Mediterráneo el lugar inseguro para navegantes que canta Odiseo.

Una vez hubo acabado con las amenazas más cercanas, Ramsés II estuvo libre para lanzarse sobre el Levante asiático, el verdadero tablero de juego en el que competían las grandes potencias militares del siglo XIII a. C. Durante su quinto año de reinado, Ramsés II dirigió su ejército hasta Qadesh (en la actual Siria) para enfrentarse al ejército hitita. Qadesh era una ciudad situada en el margen izquierdo del río Orontes, cuya ciudadela se erigía sobre una estratégica colina que le permitía el dominio del Valle. Sus poderosas murallas convertían la ciudad en un bastión casi inexpugnable y su situación geográfica le permitía el control de las rutas hacia la costa mediterránea y hacia Mesopotamia.

Ramsés II marchó con un ejército formado por dos mil quinientos carros y veinte mil soldados, dividido en cuatro divisiones, llamadas Amón, Ra, Seth y Ptah, que marchaban en este orden. Semejante fuerza no encontró ninguna oposición durante su marcha, y al llegar al río Sabtuna, a escasos kilómetros de Qadesh, un grupo de pastores nómadas informaron a los egipcios de que los hititas habían abandonado el lugar. Los espías egipcios no encontraron indicios de la presencia del ejército hitita entre Sabtuna y Qadesh y corroboraron esta información. Ramsés II, en un arrebato de excesiva de confianza, se dirigió a la ciudadela liderando la división Amón, seguida a distancia por la de Ra y dejando el resto de su ejército en la retaguardia.

Sin embargo, el rey hitita Muwatalis esperaba con 35 000 soldados de infantería y 3500 carros detrás de la colina de Qadesh, sin que los egipcios le vieran ni le esperasen. Cuando Ramsés II prácticamente llamaba a las puertas de la ciudad, Muwatalis rodeó sus muros y cayó con todas sus fuerzas sobre el desprevenido faraón. El caos que siguió al ataque provocó la espantada de numerosos soldados egipcios. Ramsés II estaba solo y sin posibilidad de ser asistido por el resto de su ejército. Pero aunque la división Amón hubiera sido destruida, su benefactor homónimo se le apareció. El dios Amón habló al faraón y le dio fuerzas para lanzar un contraataque mientras esperaba que llegaran los refuerzos: «¡Adelante, adelante, hijo mío! ¡Estoy a tu lado, yo tu padre; mi mano te protege y yo valgo mucho más que

Relieve de Ramsés II en el interior del templo de Abu Simbel
representado en la tradicional pose de golpear a los enemigos
[Figura 85]

cien mil, yo que soy el señor de la victoria y amo la fuerza!». Desde ese momento la batalla da un giro y se vuelve del lado egipcio, con Ramsés II a la cabeza de la contraofensiva: «Me arrojé sobre ellos. Yo era como el dios Montu, y rápidamente les hice sentir el peso de mi brazo. Pasé a cuchillo y maté a todos los que se me pusieron por delante».

Con los datos que tenemos resulta complicado nombrar un ganador de manera indiscutible. Aunque los hititas abandonaron el campo de batalla, los egipcios no llegaron a tomar Qadesh, y ambos tuvieron un gran número de bajas. Algunos historiadores han descrito esta batalla como inconclusa, algo así como un empate pírrico.

Ramsés II inmortalizó la batalla en textos e imágenes que grabó en algunos de los templos más importantes de Egipto, como el de Abu Simbel y el de Luxor. Pero antes tuvo que alterar el relato histórico para convertir la batalla en victoria: «Su Majestad arrasó la totalidad del ejército del país hitita, a sus grandes señores y a todos sus hermanos».

Gracias al tratado de paz posterior sabemos que Egipto no ganó la batalla, y la descripción de Ramsés II ha sido malinterpretada durante años, lo que le ha valido al rey la fama de cronista mentiroso. Pero no se puede pretender leer las paredes de los templos egipcios como si de un periódico moderno se tratara, sin plantearnos a qué público estaban dirigidas originalmente esas imágenes. Los templos egipcios eran considerados las casas de los dioses, puntos de comunicación entre dos mundos al que los fieles no tenían acceso. Cuesta creer que Ramsés II quisiera hacer propaganda de su victoria en uno de los sitios más inaccesibles de Egipto. Y sin embargo, en estos templos se llevaba a cabo el ritual diario de los dioses, que incluía la ofrenda de alimentos, bebidas, vestidos, perfumes, cánticos y una figura de *maat*. La obligación de mantener el estado perfecto de la creación que los egipcios llamaron *maat* era la mayor de las responsabilidades de un rey, y *maat* estaba en continua amenaza. Aunque el caos adoptó muchas formas, la de extranjeros era una de las más frecuentes, como leemos en las Instrucciones de Amenehmat:

> Los asiáticos sucumbirán a su espada, los Libios sucumbirán a su llama [...]. Para prohibir a los asiáticos entrar en Egipto. Ellos rogarán agua como suplicantes [...]. Luego el Orden (maat) volverá a su asiento, mientras el caos es ahuyentado.

> *Ancient Egyptian Literature*
> M. Lichthein (ed.)

Da igual que un faraón hubiera combatido o no, la representación del faraón como soldado triunfante es una convención que simboliza la fuerza protectora del rey y su capacidad para mantener *maat*, y que gracias al valor de los jeroglíficos y el arte, se convertía inmediatamente en verdad.

El papel religioso del faraón no impedía que de cara a sus enemigos se comportase como un político realista, y cuando el rey hitita Muwattalis murió, Ramsés II firmó con su sucesor Khattushilis III el primer tratado de paz de la historia. Copias del tratado fueron entregadas a los hititas y a los egipcios, y se han encontrado en el archivo de Khattusa en Hatti, y en Heliópolis, Karnak y el Ramesseum en Egipto:

> Año vigésimo primero, primer mes de la estación *peret*, día 21, bajo la majestad del Rey del Alto y del Bajo Egipto, Usermaatra-Setepenra [...]. Copia de la tablilla de plata que ha dado el Gran Príncipe de Hatti, Khattushilis, a fin de que sea traída al faraón [...]. He aquí: Es Khattushilis. El Gran Príncipe de Hatti, que ha establecido por sí mismo un tratado con Usermaatra-Setepenra, el Gran Gobernador de Egipto, a fin de que, a partir de este día, exista la paz y buena fraternidad entre nosotros.

Textos para la historia del Próximo Oriente Antiguo
F. Lara Peinado (ed.)

Ramsés III y las invasiones de los pueblos del mar

El tratado de paz de Qadesh establecía cláusulas paritarias que comprometían a Egipto y Hatti a no atacarse mutuamente y protegerse en caso de que un tercero decidiera atacarles. Este acuerdo fue ratificado con un matrimonio concertado entre la princesa hitita Maathornefrura y Ramsés II, que abría una nueva era de colaboración entre las dos mayores potencias de Oriente.

Pero a pesar de la amenaza que podía suponer la unión de las fuerzas egipcias e hititas, no fue suficiente para evitar la desintegración del Imperio hitita tan solo cincuenta años después de la batalla de Qadesh, durante el reinado de Ramsés III, segundo rey de la XX dinastía.

Durante el fin de la XIX dinastía la seguridad de Egipto, como la de Hatti, estaba constantemente amenazada por países extranjeros como Asiria y pueblos marginales como los arameos, los sherdens, los gasgas o los libios. Tras la muerte del rey Siptah, la reina viuda Tausert se convirtió en faraona. Su breve reinado en solitario probablemente estuvo marcado por la ausencia de aliados poderosos. Según el papiro *Harris I* (el papiro más largo conservado de Egipto y el más importante para conocer este período) el sirio Yarsu consiguió medrar en la corte egipcia y acumular poder. Conducido por Tausert y Yarsu, Egipto se hundía en el caos y la pobreza hasta que la poderosa clase militar liderada por el general Sethnajt se sublevó y derrocó a Tausert, autoproclamándose rey e iniciando la XX dinastía.

Sethnajt fue sucedido por su hijo Ramsés III, el rey más importante de la XX dinastía, que tuvo que enfrentarse a los pueblos del mar, a huelgas de trabajadores y a un complot palaciego que finalmente acabaría con su vida.

Las invasiones de los pueblos del mar, quiénes son, de dónde proceden y cuáles fueron sus razones para arrasar todo a su paso, son uno de los debates más animados y menos claros de la historia de la Edad del Bronce. Aunque conocemos bastantes datos arqueológicos y textuales sobre el período, no sabemos cómo encajar las piezas.

Sabemos que a finales del siglo XIII a. C. en Grecia comienza un período de destrucción de los palacios y ciudades más importantes, como Micenas, Tirinto y Pilos. Hay quien ha querido explicar el fin de la civilización micénica a través del colapso por causas internas, pero también hay quien ha visto la huella de invasiones de pueblos extranjeros. Poco después de estas destrucciones comienzan a aparecer en el levante mediterráneo los pueblos del mar, que destruyen numerosos reinos como Kalavassos, Enkomi, Hatti, Ugarit, Karkemish o Arzawa. En el octavo año del reinado de Ramsés III los pueblos del mar llegaron a Egipto y se enfrentaron al ejército egipcio. Ramsés III mandó grabar en su templo funerario en Medinet Habu imágenes y textos de la batalla, en los que por supuesto el faraón era representado victorioso. Según se deduce de estos textos, los pueblos del mar no formaban una unidad, sino que eran la unión de distintos pueblos entre los que se encontraban los libu, los mashauash, los lukka, los shakalash, los shardana, los tursha y los ajauash.

La teoría tradicional interpretaba que los pueblos del mar eran la consecuencia del fin de la civilización micénica, que por cualquiera que fuera su causa limitó los recursos en tierras griegas y forzó a sus habitantes a emigrar hacia las regiones más prósperas, obligándoles a crear nuevos asentamientos y expulsar a los antiguos gobernantes. ¿Pero realmente era capaz un heterogéneo grupo de griegos apátridas, sin base estable, de derrotar a reinos milenarios en sus propios territorios? Teorías más recientes proponen que los pueblos del mar no fueran la causa del fin de la Edad del Bronce, sino su consecuencia: la reacción de poblaciones que estaban asentadas desde hacía siglos en el Mediterráneo oriental tras el agotamiento de las estructuras políticas provocada por siglos de luchas constantes.

Lo cierto es que durante la XX dinastía la monarquía va perdiendo poder, y no se responsabiliza únicamente a los pueblos del mar. El deterioro de Egipto se manifiesta por la demostrada corrupción de los funcionarios estatales y las huelgas en Deir el-Medina, las primeras huelgas conocidas de la historia. Los trabajadores del poblado de Deir el-Medina, dependientes del faraón, reivindicaban que se les pagaran los sueldos retrasados. Y aunque los trabajadores consiguieron que su reclamo fuera atendido, poco tiempo después el rey dejó de pagar de nuevo.

El cese de los pagos, la amenaza exterior y el miedo a revueltas interiores son símbolos inequívocos de la crisis del Estado, pero el acontecimiento que confirma la fragilidad de Egipto durante la XX dinastía es el asesinato del rey Ramsés III, resultado del complot de una de las damas del harén para convertir a su hijo en rey:

> El gran criminal Pai-Bek-Kamen, que era (entonces) Jefe de la Cámara, fue presentado porque había estado en connivencia con Teye y las mujeres del harén. Hizo causa común con ellas. Empezó a hacer públicas sus palabras a sus madres y a sus hermanos que allí estaban diciendo: «¡Levantad al pueblo! Incitad la enemistad para provocar la rebelión contra su señor».

> *Textos para la historia antigua de Egipto*
> J. M. Serrano Delgado

Según se recoge en la crónica del juicio, la trama implicó a personajes del mundo administrativo, cortesano, familiar, religioso y militar; y la muestra definitiva de la corrupción de Egipto es que algunos de los jueces que debían dictar veredicto fueron condenados por confabular con los acusados durante el juicio.

Durante muchos años se ha debatido sobre la identidad de la momia que grita, un extraño personaje que apareció en el enterramiento colectivo de la tumba DB320, rodeado por los cuerpos de reyes, pero envuelto en piel de oveja y con un conmovedor gesto de dolor inmortalizado en su rostro. Recientemente se ha identificado esta momia como la del príncipe Pentaur, partícipe en el asesinato de su padre y condenado a morir ahorcado y ser enterrado de manera indigna.

LA GUERRA DE LOS IMPUROS Y EL FIN DEL IMPERIO

Tras la dramática muerte de Ramsés III, la XX dinastía entra en un largo período de agonía con síntomas similares a los observados en tiempos de crisis anteriores: hambrunas, crisis económica, problemas en las fronteras… Pero el mejor reflejo de la crisis de Estado es la escasa duración de los reinados, ya que solamente Ramsés IX y Ramsés XI consiguieron gobernar durante más de diez años.

Los monarcas egipcios se sucedían sin que ninguno de la larga lista de Ramsés de la XX dinastía fuera capaz de mantener los territorios asiáticos o detener la devaluación de los metales. El resultado fue la pérdida de poder económico y político de Egipto que se manifiesta en el *Relato de Unamón*. La crisis empujó al pueblo a robar en las necrópolis (mucho más que antes, queremos decir) y se multiplicaron los documentos sobre procesos contra ladrones de tumbas fechados en la dinastía XX, como el papiro Mayer, el papiro Amherst- Leopoldo II o el papiro Abbot:

> Año 16, día 22 del tercer mes de la estación de la inundación, bajo la majestad del Rey Alto y Bajo Egipto, Señor del Doble País Neferkere-Setpenra, el Hijo de Ra (Ramsés IX)[…].

Interrogatorio de los hombres que se encontró habían violado las tumbas del Occidente de Tebas [...].

Fuimos a robar las tumbas de acuerdo con nuestra costumbre, y encontramos la pirámide de Sekhemre-Shedtaui, el Hijo de Re Sebkemsaf, no siendo esta en absoluto igual a las pirámides y tumbas a las que íbamos a robar. Tomamos nuestros útiles de cobre y forzamos un camino en la pirámide de este rey a través de su parte más profunda. Encontramos sus cámaras subterráneas, tomamos bujías encendidas en nuestras manos y bajamos. Nos abrimos paso a través de los escombros que encontramos a la entrada este escondrijo, y encontramos a este dios tendido en la parte posterior de su sepulcro"[...]. Pocos días después el Superintendente del distrito de Tebas escuchó que habíamos estado robando en el Occidente y me arrestó y aprisionó en la oficina del Alcalde de Tebas. Tomé los 20 deben de oro que me habían correspondido como (mi) parte y se los di a Kha'emope, escriba del distrito adscrito al embarcadero de Tebas. Él me soltó, y me uní a mis compañeros; ellos me compensaron, de nuevo, con una parte. Entonces yo, junto con los otros ladrones que estaban conmigo, continuamos hasta el día de hoy practicando el robo de las tumbas de los nobles y de las personas de la tierra que queda al occidente de Tebas.

Textos para la historia antigua de Egipto
J. M. Serrano Delgado

Del saqueo como forma de vida entre la población, y la corrupción como costumbre entre los funcionarios, solo se puede deducir la crisis del Estado; y del esfuerzo e incapacidad de los faraones para su detención, su impotencia.

Por si todo esto fuera poco, los últimos faraones de la XX dinastía también tuvieron que enfrentarse a otro enemigo interno, el clero de Amón. Sus sacerdotes habían estado acumulando privilegios y poder desde inicios del Reino Nuevo. Nebwenenef, primer profeta de Amón en época de Ramsés II construyó en Tebas su propio templo funerario y una tumba (TT157) decorada con una superestructura piramidal y el libro de las Puertas, que hasta entonces había sido privilegio real. Ramsesnajt, que fue gran sacerdote de Amón durante la segunda mitad de la XX dinastía, organizó expediciones comerciales en nombre del templo de Karnak, evitando la tributación al Estado. Con esta marcha se llega hasta el papiro Wilbur, escrito durante el reinado de Ramsés V, según el cual el templo de Amón en Karnak poseía: 2400 km^2 de tierra cultivable, 421 362 cabezas de ganado, 433 fincas, 65 pueblos, 83 barcos, 43 centros de producción y 81 322 trabajadores. Estas cifras muestran la existencia de dos Estados reales dentro un mismo país y la degeneración del Estado egipcio a favor del clero de Amón.

Llegado el reinado de Ramsés XI, el clero de Amón poseía autonomía y fuerza suficiente para reclamar el trono de Egipto. Ramsés XI pudo detener un golpe de Estado planeado por el gran sacerdote de Amón, al que a continuación sustituyó por Herihor. Aunque hay que suponer que Ramsés XI eligió a un hombre de su confianza para este cargo, desde el momento del nombramiento, Herihor actuó de forma independiente actuando en su propio beneficio.

En este contexto, se crearon dos líneas dinásticas que acabarían enfrentándose con la excusa de la religión, los seguidores de Seth, afincados en el Bajo Egipto y los de Amón en el Alto Egipto, que finalmente vencerían. La pasividad de la monarquía ante este enfrentamiento bautizado como la guerra de los Impuros evidencia su falta de poder real.

Escultura de Pinedyem I en el templo de Karnak, representado
con los símbolos de la realeza
[Figura 86]

Ramsés XI, último rey de la XX dinastía, murió sin descendientes varones, pero tuvo la habilidad de convertir esta aparente complicación en una solución pacífica para el problema de Egipto. A través de alianzas matrimoniales unió todos los poderes reales de Egipto con la monarquía, casando a una de sus hijas con Pinedyem I, hijo y sucesor de Herihor; y a otra con Esmendes, visir del Bajo Egipto durante el reinado de Ramsés XI y su sucesor.

EL LIBRO DE LOS MUERTOS

Durante el Reino Nuevo el célebre *Libro de los muertos* se convierte en un elemento imprescindible para aquellos que al contrario que el príncipe Pentaur, tuvieran la suerte de tener un buen enterramiento.

Seguramente el más primitivo antecedente del *Libro de los muertos* sean las recitaciones pronunciadas durante los ritos funerarios prehistóricos, antes de que apareciera la escritura, pero estos textos fueron evolucionando, conquistando pirámides, ataúdes y después papiros hacia finales de la XVII dinastía.

El dramático nombre de estos textos funerarios se ha impuesto en tiempos modernos, pero en el antiguo Egipto iba encabezado por la expresión *peri em hereu*, literalmente 'salida al día', es decir, renacer, un título mucho más esperanzador. El *Libro de los muertos* contiene fórmulas que permiten que el difunto viaje seguro por el submundo (como Ra por la noche), supere el juicio de Osiris y renazca como un justificado, un Osiris. Para facilitar el estudio de estos textos, el célebre egiptólogo Karl Richard Lepsius asignó el sistema de numeración que sigue aún utilizándose. Con este orden los capítulos del 1 al 16 se centran en la procesión funeral de la momia hasta la tumba, los capítulos del 17 al 63 en la regeneración de las facultades del difunto y su asimilación con Ra, gracias a lo que logra derrotar a sus enemigos; y los capítulos del 64 al 129 facilitan la transfiguración final del difunto, incluyendo la capacidad de asumir diferentes formas para poder salir de la tumba.

El capítulo 125 del *Libro de los muertos* describe uno de los momentos decisivos del viaje del difunto, la *psicostasis* o 'pesaje del alma'. Guiado por Anubis, el difunto se dirigía a una sala presidida por Osiris en su trono, que se encontraba acompañado por sus hermanas Isis y Neftis y un tribunal formado por cuarenta y dos dioses que interrogaban al difunto. Entre el difunto y Osiris se encontraba una balanza donde el difunto tenía que comparar el peso de su corazón con el de una pluma. En el caso de que su corazón pesara menos que la pluma, Ammit, un monstruo híbrido con cabeza de cocodrilo, patas anteriores de felino y traseras de hipopótamo, devoraba su corazón. Anubis era también el fiel de la balanza, el encargado de asegurar que la prueba se realizara con justicia y de dictar el veredicto al dios Thot, que lo anotaba en una tablilla.

Existen varias condiciones para pasar el juicio y convertirse en un Osiris. La primera es de índole moral, el difunto tiene que demostrar que durante su vida ha actuado virtuosamente (en la mentalidad egipcia el corazón es la sede de la conciencia) y que no ha dañado el *maat* (cuyo símbolo es la pluma):

> Allí el pobre no se distingue del rico, sólo el que es encontrado libre de falta por la balanza y el peso ante el señor de la Eternidad. Ahí nadie está exento de ser calibrado; Thot, como un babuino a cargo de la balanza, sopesará a cada hombre por sus actos en la tierra.

> Tumba de Petosiris, fines del siglo IV a. C.

Pero existe otra lectura. Como cualquier objeto de lujo en cualquier época, el *Libro de los muertos* servía para marcar una diferenciación social. El difunto tiene que responder correctamente a un interrogatorio cuyas preguntas y respuestas poseían un esquema fijo que quizás cualquier difunto pudiera superar sin poseer una copia del Libro de los muertos, pero ser propietario de uno y conocer los secretos del más allá prácticamente aseguraba tu renacimiento. Un *Libro de los muertos* era un bien escaso y caro, disponible únicamente para la élite, y por tanto un objeto de prestigio y diferenciación social.

Escena de *psicostasis* en el papiro de Hunefer (XIX dinastía)
[Figura 87]

Del nombre de *Libro de los muertos*, también la parte del «libro» es falsa. Estos textos no son exclusivos del papiro, sino que sarcófagos, *ushebtis*, ladrillos, sudarios, escarabeos, vendas de momia o paredes de tumbas son también soportes donde habitualmente pueden encontrarse. Valgan como ejemplo el escarabeo-corazón del rey Sobekemsaf II y las pinturas de la tumba de la reina Nefertiti.

El escarabeo-corazón de Sobekemsaf II es el primer objeto de este tipo conocido. Se trata de un amuleto que se colocaba junto al corazón del difunto para ayudarle a pasar el juicio de Osiris. En su reverso lleva inscrito el capítulo 30B del *Libro de los muertos*, una fórmula para evitar que el corazón del difunto, que es la sede de la conciencia, se oponga al difunto:

> Que diga: «¡Oh corazón (proveniente) de mi madre, oh corazón (proveniente) de mi padre, oh víscera de mi corazón de mis diferentes edades! ¡No levantéis falsos testimonios contra mí en el juicio, no os opongáis a mí ante el tribunal, no demostréis hostilidad contra mí en presencia del guardián de la balanza!».
>
> *Libro de los muertos*
> F. Lara Peinado (ed.)

El valor mágico de los textos jeroglíficos queda ejemplificado en un detalle, los pájaros se han dibujado sin patas para prevenir que atacaran el corazón de la persona difunta.

El *Libro de los muertos* es también la fuente iconográfica en que frecuentemente se basan los artistas egipcios cuando tienen que decorar una tumba, y el capítulo 17 del *Libro de los muertos* tiene la más bella lectura en la decoración de la tumba de Nefertari:

> Comienzo de las transfiguraciones y glorificaciones; de la salida del Más Allá y su regreso a él; (fórmula para) ser un bienaventurado en el buen Occidente; salir al día; hacer todas las transformaciones que se deseen; jugar a las damas bajo la tienda; y salir como alma viva.
>
> *Libro de los muertos*
> F. Lara Peinado (ed.)

Escena de la tumba de la reina Nefertari (QV66).
La reina es representada jugando un juego de mesa conocido
como *senet* contra un adversario invisible. Esta escena está basada
en el capítulo 17 del *Libro de los muertos*.
[Figura 88]

Gracias a estos ejemplos también podemos ver que
el *Libro de los muertos* no es una obra unitaria, sino un
corpus de textos que pueden funcionar independiente-
mente. Los *Libros de los muertos* completos y en papiro
eran un producto de lujo restringido a una capa social
muy minoritaria y de producción muy limitada. Por ello
podían seleccionarse algunas recitaciones en función de
las necesidades de cada individuo, de sus posibilidades
y del espacio disponible. Lo que hoy conocemos como

Libro de los muertos es el resultado del estudio, comparación y recopilación de textos de cientos de ejemplares diferentes, de entre los cuales los más célebres son los de Ani y Hunefer.

La producción de Libros de los Muertos va a continuar hasta época romana, aunque con algunos cambios. Estilísticamente el cambio más importante es la pérdida de importancia del texto a partir de las dinastías XX y XXI, lo que se traducirá en ejemplares donde las viñetas ganan en importancia y tamaño hasta llegar a producirse ejemplares sin texto.

9

La era del renacimiento egipcio y las invasiones extranjeras

LAS TUMBAS REALES DE TANIS

Aunque la tumba de Tutankhamón ha acaparado casi toda la atención mediática, no le corresponde el honor de ser la única tumba real intacta hallada en Egipto. De hecho, la tumba de Tutankhamón ya había sido violada en la Antigüedad, como observó Carter cuando la excavó. No, el honor le pertenece a las tumbas reales de Tanis de las XXI y XXII dinastías, más concretamente a la de los reyes Psusennes I, Sesonquis II y Amenemope.

Ramsés XI fue enterrado en el valle de los Reyes, pero la nueva dinastía abandonó la capital y la necrópolis real de sus antecesores, y las trasladaron a Tanis (actual San el-Hagar), en el Bajo Egipto. La guerra de los Impuros y la construcción de Tanis evidencian la importancia que había adquirido el delta desde el Segundo

Período Intermedio. Pi-Ramsés, Tanis, Alejandría…, desde el Tercer Período Intermedio el poder de Egipto se instala en el norte, con la excepción del clero de Amón y de la dinastía kushita, que procedía de Nubia.

La elección de Tanis como nueva capital de Egipto requería dotar a la ciudad de nuevos edificios administrativos y religiosos donde la corte y el clero pudieran trabajar, y para la remonumentalización de Tanis los nuevos faraones aprovecharon toda piedra y monumento que ya estuviera trabajado y ahorrara esfuerzos innecesarios, algunos del Reino Antiguo y del Reino Medio, pero la mayoría de época de Ramsés II, como la famosa escultura de Ramsés II protegido por el halcón Horus. Cuando los primeros arqueólogos que excavaron Tanis descubrieron estos monumentos identificaron la ciudad erróneamente como Avaris o Pi-Ramsés. Y con este error de base Pierre Montet excavó durante años en Tanis hasta que el 27 de febrero de 1939 encontró casualmente una oquedad en el interior del recinto del Gran Templo de Amón en Tanis.

El trazado del Gran Templo de Amón de Tanis se construyó siguiendo el modelo tebano del templo de Karnak, pero el muro tenía la particularidad de que se desviaba de su trayectoria inicial en la esquina meridional, lo que rompía el paralelismo con el templo y permitía que se creara un espacio sospechosamente vacío. Montet y su equipo tuvieron que derribar construcciones posteriores en esta área hasta que llegaron al estrato tanita, en el que encontraron un pozo colmatado de escombros entre los que se hallaron algunos *ushebtis* del rey Sesonquis II. Tras limpiar el pozo y remover la losa que lo sellaba, entraron en la tumba del rey Osorkon II. Montet acababa de encontrar la primera de las tumbas reales de Tanis.

Máscara funeraria del rey Amenemope
[Figura 89]

Los reyes de Tanis habían aprendido de la experiencia ajena. Ni las tumbas de los nobles, ni las pirámides reales de los reinos Antiguo y Medio, ni los hipogeos del Reino Nuevo estaban a salvo de la profesionalizada industria del saqueo egipcio, y había que encontrar una solución. Los reyes tanitas se hicieron enterrar dentro del recinto del Gran Templo de la ciudad. Allí no solo se aseguraban de recibir las necesarias ofrendas funerarias para su *ka*, sino que sus cuerpos descansarían en pozos subterráneos construidos en la capital de Egipto, dentro de un recinto amurallado y constantemente vigilado. La

Máscara funeraria del rey Psusennes I
[Figura 90]

opuesta fortuna entre las tumbas reales de Tanis y las momias de la tumba DB320 confirma que tomaron una decisión más que acertada.

Probablemente las tumbas tanitas estuvieron cubiertas originalmente por una superestructura de ladrillos en forma de mastaba. Pero como sucediera en la tumba de Tutankhamón, cuando la parte exterior de la tumba desapareció se olvidó su existencia y se construyeron sobre ellas nuevos edificios que las protegieron hasta que llegaron los arqueólogos.

Bajando por el pozo que abrió Montet, los arqueólogos llegaron a un cuarto de muros de caliza ocupado por un sarcófago de granito vacío y restos de un ajuar funerario que originalmente debió de ser más amplio. A pesar de todas las precauciones, la tumba de Osorkon II había sido saqueada, pero el cuarto comunicaba con otras estancias. En una de ellas se encontraba el sarcófago del rey Takelot II, también expoliado. Este descubrimiento agridulce preludiaba nuevos hallazgos, y adosado a las paredes de la tumba de Osorkon II se encontró otro complejo funerario. Los dos complejos estaban incomunicados entre ellos; y el segundo sí estaba intacto. El 17 de marzo de 1939 Montet entraba en la cámara del rey Sesonquis II, donde encontró un ataúd de plata antropomorfo con la cabeza de un halcón. El hallazgo se convirtió en un gran evento en Egipto y lo hubiera sido en todo el mundo si toda la atención no hubiera estado centrada en una Europa a punto de estallar. Montet tuvo que esperar cuatro días porque el rey egipcio Faruk quería estar presente cuando se abriera el sarcófago. La espera mereció la pena, en el interior del sarcófago se encontró la momia del rey cubierta por una máscara de oro y todavía quedaban dos enterramientos más intactos, contiguos a esta cámara, el de los reyes Psusennes I y Amenemope.

La momia de Psusennes I se encontró dentro del sarcófago Merenptah, el hijo y sucesor de Ramsé II, reusado como tantos monumentos de la ciudad. Más sencillo lo tuvo Amenemope, que directamente usurpó la cámara y el sarcófago de la reina Mutdjodmet, madre de Pusennes I.

La última tumba en encontrarse fue la de Wednjebaenjed, jefe del ejército, profeta de Jonsu y

Máscara funeraria del rey Sesonquis II
[Figura 91]

jefe de todos los profetas de Tanis. Su tumba tenía la
entrada cegada y escondida dentro del complejo, pero
la proximidad a la tumba del rey nos indica que sin duda
Wednjebaenjed fue un personaje poderoso y cercano al
rey también en vida. De hecho algunos de los objetos
de su ajuar, como su máscara funeraria o el plato de las
nadadoras superan en calidad a los de las tumbas de
los reyes.

EL COMERCIO EGIPCIO. EGIPTO EN LA PENÍNSULA IBÉRICA DURANTE LA ANTIGÜEDAD

Una característica significativa y diferencial de los ajuares de las tumbas de Tanis es el uso generalizado de la plata. Este cambio no resta idea de riqueza a las tumbas, ya que la plata era un material raro y prestigioso que podía llegar a ser tan valioso como el oro, pero sí refleja uno de los cambios más importantes del período. La pérdida del control de Nubia y la animadversión de sus reyes hacia Egipto provocó que fuera más fácil conseguir plata a través del comercio con los fenicios que oro en África.

Miles de años antes de que arqueólogos españoles dirigieran sus propias excavaciones arqueológicas en Egipto y el templo de Debod fuera trasladado a Madrid, en la península ibérica ya se había inaugurado una egiptomanía de mano de los fenicios. Gracias a su proverbial capacidad comercial y a la excelencia con que cabalgaron el mar, los fenicios lograron reducir el anteriormente inmenso mar Mediterráneo a un gran charco en el que todas las culturas mojaban sus pies e intercambiaban su tecnología, sus materiales, sus ideas…, e inauguraron el llamado período orientalizante. En este nuevo Mediterráneo, Oriente y Occidente ya no estaban incomunicados. A partir del siglo IX a. C. empiezan a llegar a la península ibérica productos egipcios y egiptizantes. Por aquel entonces todavía no habían pasado romanos, visigodos, musulmanes ni cristianos por la península ibérica y todavía era uno de los territorios más ricos en minerales del Mediterráneo, que no por nada gasta su tiempo y arriesga su vida un fenicio en un viaje de más de quinientas leguas de viaje marino.

Sin duda, Egipto fue el principal impulsor del comercio de los fenicios en Occidente, que entregaban exóticos productos manufacturados a cambio de los que recibían valiosas materias primas que escaseaban en Oriente y con las que podían comerciar a su vuelta. El producto más prestigioso de la península ibérica era el metal, y ya en la Biblia aparece que se dice sobre Tiro que: «Tarsis [Tarteso] comerciaba contigo por tus riquezas de todo género; con plata, hierro, estaño y plomo pagaba tus mercancías» (Ezequiel, 27, 12). Y es precisamente en esta época cuando el trabajo del metal, conocido desde tiempos remotos en Egipto, alcanza su apogeo, al menos en lo que a cantidad se refiere. Las tumbas de Tanis son el ejemplo más vistoso, pero la evolución también puede verse en la aparición de un gran número de pequeños exvotos y esculturas de culto. Es probable que para conseguir estos productos internacionales en el Egipto de la Baja Época existiera una producción dedicada únicamente a satisfacer la demanda del mercado exterior. A este fin se dedicarían el innumerable número de escarabeos con los nombres de los reyes más prestigiosos del Imperio Nuevo (especialmente Tutmosis III, Amenhotep III y Seti I) creados en época saíta y encontrados a lo largo y ancho de toda la cuenca mediterránea.

De este intercambio no solo se beneficiaron los fenicios y los egipcios, sino que le debemos algunas de las piezas arqueológicas más sobresalientes de la arqueología en España. Lógicamente la mayoría de los objetos egipcios se localizan en enclaves costeros mediterráneos, aunque otros hallazgos destacados se han producido en el interior como el escarabeo de Medellín (Badajoz) y el tesoro de la Aliseda (Cáceres). La lista de objetos llegados en la Antigüedad a la península ibérica con inscripciones jeroglíficas no es muy larga, y entre ellos destacan los vasos de alabastro procedentes de necrópolis de Sexi (Almuñécar, Granada). Se trata de recipientes realizados en Egipto en un material lujoso que llegaron a la península como contenedores de líquidos preciosos (vino, aceite o perfume) y que cuando estuvieron vacíos fueron reutilizados por sus nuevos dueños como urnas funerarias. Algunos de ellos llevan inscritos cartelas de reyes egipcios de la XXII dinastía, como Takelot II, Sesonquis III u Osorkon II, que también está decorado con la cabeza del dios Bes. Un vaso excepcional por su cronología es el que lleva la cartela de Apofis I, rey de la XV dinastía (su reinado se fecha a mediados del siglo XVI a. C.), el documento escrito comprensible más antiguo de la península ibérica, aunque debió de llegar a Granada al menos seis siglos más tarde.

Escarabeos y amuletos componen el grueso de objetos egipcios y egiptizantes en la península ibérica e islas Baleares, y precisamente por su excepcionalidad destacan otros objetos. En Villaricos (Almería) se encontró una figurilla de bronce de ocho centímetros que representa a Osiris en posición mumiforme y con la corona *atef* como tocado.. En el recinto de la taula del poblado talayótico de Torre d'en Galmés (Alaior, Menorca) se encontró una figurilla de bronce de quince centímetros procedente de Egipto, que representa a Imhotep, el arquitecto que trabajó en el diseño de la pirámide de Djoser, y que en época tardía fue divinizado como dios relacionado con la sabiduría y la medicina. En Cádiz se halló una figura de bronce con una máscara de oro conocida como sacerdote de Cádiz. Aunque probablemente se tratase de un exvoto que representa a un dios fenicio, su iconografía enlaza directamente con Egipto, más concretamente con el dios Ptah; tanto en la forma, estante, envuelto en un sudario y sujetando un cetro (hoy perdido); como en la mentalidad, ya que en Egipto se consideraba que la carne de los dioses era de oro. También de Cádiz proceden una pareja de sarcófagos antropomorfos fenicios, cuyo modelo primigenio son los sarcófagos en piedra dura realizados en Egipto, que

Imagen conocida como el
sacerdote de Cádiz
[Figura 92]

los fenicios copian, reinterpretan y expanden por todo
el Mediterráneo: Líbano, Siria, Túnez, Chipre, Italia…
Junto al cuerpo de los difuntos se halló un modesto ajuar
que en los dos casos incluyen objetos egiptizantes como
escarabeos tallados.

En una tumba de la necrópolis fenicia de Trayamar
(Málaga) se encontró un disco macizo de oro con una
iconografía relacionada con el relato de la cosmogonía
egipcia. El eje de la composición es una montaña, y con
un eje muy marcado a cada lado aparecen una cobra
ureus sobre cuya cabeza se posa un halcón Horus. Sobre
la montaña aparece un disco solar y un creciente lunar

arrastrado por una especie de disco solar sobre el que se encuentran dos serpientes enfrentadas. Se han hallado medallones similares en Cádiz y Medellín (Badajoz), pero la lejanía de las costas egipcias y la complejidad de su religión nos plantea la duda de si el texto o la simbología de estos objetos fueron entendidos por la población local, o como es más probable, simplemente se les otorgara un papel protector y fueran atesorados por la población local como exóticos elementos de prestigio.

La isla de Ibiza fue uno de los enclaves más importantes del mundo fenicio-púnico occidental y en sus yacimientos también se han encontrado un gran número de tumbas fenicias con objetos egiptizantes en sus ajuares, solo en Puig des Molins más de cuarenta escarabeos. Al contrario que los egipcios, fenicios-púnicos y otros pueblos de la península ibérica realizaron tanto la inhumación como la cremación de los cadáveres. Ya que en los ritos funerarios egipcios la destrucción del cuerpo era impensable y el ajuar solo tenía sentido dentro de unos ritos funerarios concretos, hemos de plantearnos el significado que daban a los objetos egipcios las culturas que destruían los cuerpos pero conservaban el ajuar.

ESCONDITES PARA MOMIAS. EL FINAL DE LOS GRANDES FARAONES

El descubrimiento de la tumba DB320 o *cachette* (escondrijo) real de Deir el-Bahari es uno de los hitos fundamentales de la historia de la arqueología de Egipto, y como en tantos otros descubrimientos el azar fue el protagonista principal. En 1860 Ahmed Abd el-Rassul, un vecino del humilde poblado de Kurna paseaba con sus cabras a través de las montañas contiguas a los templos de Deir el-Bahari cuando uno de los animales cayó en un pozo, una desgracia para la cabra que sin embargo, traería mucha fortuna para su dueño.

Desde el accidente de la cabra el mercado egipcio de antigüedades se llenó de sobresalientes antigüedades: vasos canopos, papiros funerarios, momias, estatuillas..., piezas de extraordinario valor pertenecientes a faraones, pero de épocas muy distintas. Estos objetos no pasaron inadvertidos para los compradores, que se apresuraron a tomar parte de su botín, pero tampoco para Gaston Maspero, director del Servicio de Antigüedades de Egipto. Para encontrar al vendedor, Maspero envío a un joven ayudante del Servicio de Antigüedades con una gran cantidad de dinero a Luxor, donde se movía el mercado negro de estas piezas. Este arqueólogo-espía se alojó en el mismo hotel que otros compradores de antigüedades y frecuentó las tabernas y tiendas donde se sabía que se comerciaba con piezas arqueológicas. Después de comprar algunos objetos de escaso valor y ganarse la confianza de los traficantes fue conducido a la parte trasera de un edificio donde encontró valiosos objetos de reyes de las XIX y XX dinastías, por fin había encontrado a su hombre. Un mes después del arresto de Abd el-Rasul llegó la confesión, todos los tesoros que había vendido provenían de una sola tumba, bautizada con el nombre de DB320.

El Servicio de Antigüedades envío inmediatamente a Emil Brugsch a investigar el misterioso hallazgo de Abd el-Rasul y sin perder tiempo se dirigió a la tumba acompañado solo por su ayudante Ahmed Kamal y el propio Abd-el-Rasul. Efectivamente, se trataba de un agujero recóndito, oscuro y de difícil acceso. Después de descender más de doce metros por una cuerda hasta el fondo del agujero, encendió una antorcha e iluminó un gran número de objetos funerarios y sarcófagos, y más de cuarenta momias, los cuerpos y

Dibujo aparecido en 1883 en el *London News*
sobre los trabajos en la tumba DB320
[Figura 93]

ataúdes de grandes sacerdotes de Egipto, ¡y de los reyes
más poderosos de Egipto! Amenhotep I, Ahmose I,
Ramsés I, Ramsés II, Ramsés III, Ramsés IX, Seti I,
Tutmosis I, Tutmosis II, Tutmosis III…

Es de suponer que la primera reacción de Emil
Brugsch fuera de asombro, pero seguro que la segunda
fue de miedo. Miedo a que alguien decidiera saquear
la tumba ahora que se había hecho pública su existencia, miedo a perder un tesoro recién descubierto… Este
miedo le impulsó a vaciar la tumba tan rápido como
pudo, aunque para ello tuviera que contratar a los
mismos ladrones que durante años habían mantenido
el monopolio de su existencia y habían estado saqueán-
dola. El trabajo fue rápido, y con ayuda de cientos de
trabajadores llegados de Kurna consiguió vaciar la tumba
y cargar su contenido en barcos en solo dos días. Hoy

lamentamos que Emil Brugsch no documentara nada de la tumba, pero con tanta distancia es imposible juzgar si salvó las piezas o destruyó un importante contexto arqueológico sin haberlo estudiado.

La tumba DB320 había sido construida originalmente para el gran sacerdote de Amón Pinedyem II, nieto de Pinedyem I, y su familia. La tumba fue diseñada como un gran corredor con forma de L con varios niveles y nichos. Durante la XXI dinastía la falta de seguridad en el valle de los Reyes, ampliamente documentada en el reinado de Ramsés XI empeoraría aún más. El saqueo de tumbas era un próspero negocio en época de crisis y ningún muerto estaba a salvo de los ladrones así que las momias de reyes y grandes sacerdotes de Amón tuvieron que ser restauradas y reubicadas a salvo de los ladrones en la tumba DB320.

Diez años después del vaciado de la tumba DB320 se encontró la tumba de Bab el-Gasus, más conocida como la segunda *cachette* de Deir el-Bahari, donde se trasladaron ciento cincuenta y tres sarcófagos de personajes vinculados con el sacerdocio de Amón en el templo de Karnak durante la XXI dinastía, cuatro de las cuales se exponen en el MAN (Museo Arqueológico Nacional de España).

FARAONES LIBIOS Y NUBIOS

La relación entre egipcios y libios siempre había sido asimétrica. Egipto había prosperado más y aprovechaban su superioridad militar para que la amenaza libia no fuera más allá de esporádicas incursiones de pillaje. Sin embargo, durante la XXI dinastía, los nobles libios consiguieron introducirse en el Gobierno egipcio.

Finalmente, tras la muerte del rey Psusennes II, el gran jefe de la tribu mashauash, Sesonquis I, hereda el trono de Egipto e inaugura la XXII dinastía, la dinastía de los faraones libios. Aunque el paso de la dinastía XXI a la XXII parece haberse realizado pacíficamente, no fue visto por buenos ojos por el poderoso y ambicioso clero de Amón.

Sesonquis I mantuvo la capital en Tanis, pero para evitar rebeliones se apoyó en sus hijos. Al heredero Osorkón I le desposó con la princesa Maatkara, hija de Psusennes II, último rey de la XXI dinastía, a su hijo Iuput le nombró primer profeta de Amón; y a su hijo Nimlot I, rey de Heracleópolis.

La política exterior estuvo marcada por el intento de recuperar la influencia que Egipto había perdido en Asia. Inició estrechas relaciones diplomáticas con los reinos fenicios y llevó a cabo exitosas campañas militares en Megido y Jerusalén (I Reyes 14: 25-26; II Crónicas 12: 2-9), de las que procede el mito de que el arca de la Alianza se encuentra en Egipto.

Los sucesores de Sesonquis I no solo no lograron igualar sus hazañas, sino que ni siquiera pudieron conservar sus logros, dando paso a un período de fragmentación política en el que los gobernantes de los *nomos* se declararon independientes y llegaron a coexistir cuatro dinastías al mismo tiempo, la XXII, XXIII, XXIV y XXV.

En este contexto, otro actor secundario de la historia de Egipto se convierte en personaje principal, los nubios del reino de Kush. Este pequeño reino con capital Napata vivía en la órbita meridional de Egipto, y su cultura y su religión estaban completamente egiptizadas. Pero no solo eso, los reyes kushitas promovieron una recuperación del legado clásico de Egipto, recuperando tradiciones como el enterramiento en pirámides.

La dinastía kushita (la XXV) fue iniciada por el rey Pianjy, que dirigió su ejército al Bajo Egipto y grabó sus campañas militares en una célebre estela que erigió en el templo de Amón en Napata.

Las fuerzas del Bajo Egipto se habían congregado en una alianza de gobernantes liderada por el príncipe saíta Tefnajt, fundador de la breve XXIV dinastía. Pianjy decidió acabar con el creciente poder de Tefnajt y se marchó al norte; tomó primero Tebas, luego Heracleópolis, Hermópolis y finalmente Menfis. Finalmente, Tefnajt se rindió cuando fue acorralado en el delta por las tropas nubias. Convertido ya en rey del Alto y Bajo Egipto, Pianjy decidió regresar a Napata y nombrar a su hermana Amenardis divina esposa de Amón para que le ayudara a gobernar desde Egipto

La influencia de la cultura egipcia en Nubia era tan fuerte que los reyes nubios no tenían ningún motivo para sentir que reinaban sobre un territorio extranjero. Los monarcas nubios se identificaron con los grandes reyes egipcios del pasado y con Amón, y asumieron los títulos y la iconografía tradicional de los faraones egipcios. Pero como no eran reyes solo de todo Egipto, sino también de Nubia, añadieron a la doble corona egipcia dos cobras, símbolos del control sobre el Alto y Bajo Egipto, y Nubia.

La piedra de Shabaka y la cosmogonía menfita

Pianjy fue sucedido por su hermano Shabaka. Como él, Shabaka buscó la pureza del espíritu egipcio en las tradiciones más arcaicas, y el mejor ejemplo es la estela conocida como piedra de Shabaka. Se trata de una copia del relato de la creación de Ptah de época incierta que el

Piedra de Shabaka.
Para grabar este texto se utilizó una gran losa de granito negro
que posteriormente fue reutilizada como piedra de molino, lo que
ha provocado daños importantes en la parte central del texto.
[Figura 94]

rey Shabaka manó grabar en una losa de granito negro.
El texto de la piedra de Shabaka comienza con el recurso
de «el manuscrito encontrado»:

> Este texto fue copiado de nuevo por su majestad en
> la casa de su padre Ptah, porque su majestad descu-
> brió que una obra de los antepasados era comida por
> los gusanos, por lo que no podía ser entendido de
> principio a fin. Su majestad lo copió de nuevo para
> que llegara a ser mejor de lo que había sido antes,
> para que su nombre pueda perdurar y su monu-
> mento permanezca en la casa de su padre a lo largo
> de la eternidad, como un trabajo hecho por el Hijo de
> Re [Shabaka] para su padre Ptah-Tatenen, para que
> él pueda vivir para siempre.

Ancient Egyptian Literature
M. Lichteim (ed.)

Gracias al (supuesto) origen ancestral del documento, el texto ganaba credibilidad y prestigio, y lo que era más importante, gracias al acto de copiarlo Shabaka se vinculaba con los antiguos y prestigiosos reyes egipcios. Los reyes nubios promovieron una política de recuperación de la memoria y tradición egipcia, e iniciaron una recuperación de la tradición religiosa y artística clásica, reabriendo y ampliando los templos existentes e imitando los cánones clásicos del arte egipcio.

De todas las cosmogonías egipcias conservadas, la menfita es la más filosófica y la que más se diferencia del resto, con las que no obstante está estrechamente relacionada. Según la versión cosmogónica menfita, el dios Ptah existió antes que Atum, y al contrario que este, que inició la creación masturbándose o escupiendo; Ptah no necesitó ninguna parte de su ser, ningún esfuerzo físico ni ningún instrumento. Ptah creó todas las cosas únicamente mediante su lengua (verbo creador) y su corazón (su voluntad) en armonía con el orden (*maat*):

> Es Ptah, el grande, que ha dado [vida] a todos los dioses y sus kas a través de este corazón y a través de esta lengua [...]. La Enéada es los dientes y labios en esta boca que ha pronunciado el nombre de todo, de la que provienen Shu y Tefnut, y que ha dado luz a la Enéada [...]. Ptah estaba satisfecho después de haber hecho todas las cosas.
>
> *Ancient Egyptian Literature*
> M. Lichteim

Por la manera en que Ptah crea sin necesidad de esfuerzo físico ni ayuda material, la creación menfita se ha relacionado con el relato bíblico que se encuentra en los libros del Génesis y san Juan. En el libro del Génesis (1,10) Dios crea también a partir de la palabra, y mediante la palabra divide la tierra seca (Shu-sequedad) de los mares (Tefnut-humedad), y como colofón narra la satisfacción de Dios con su obra como Ptah con la suya: «vio Dios que esto está bien».

Debido a su función creadora, Ptah fue considerado el patrón de los artistas, y se fundió en la divinidad sincrética Ptah-Sokar-Osiris, que simbolizaba el ciclo de la vida: creación (Path), muerte (Sokar) y resurrección (Osiris).

La representación más frecuente de Ptah es la de un hombre estante, vestido con un sudario del que sobresalen sus manos con las que sujeta un cetro en el que se combinan el pilar *djed* ($\mathbf{\mp}$, símbolo de estabilidad), el *was* ($\mathbf{\mp}$, símbolo de dominio) y el *ankh* ($\mathbf{\mp}$, vida). Ptah fue la divinidad principal de Menfis, capital de Egipto en el Reino Antiguo y una de las ciudades más importantes durante toda su historia. Se consideraba que su *ka* se encontraba en el mundo dentro del toro Apis, que va a ser especialmente popular durante la Baja Época y el Período Ptolemaico.

La XXV dinastía muere con el rey Tantamani, hijo de Shabaka y sucesor de Taharqa. El reinado de los dos últimos faraones nubios estuvo marcado por la amenaza asiria. El rey sirio Ashardón, y luego Assurbanipal consiguieron llevar su ejército hasta Menfis y obligaron a Taharqa primero, y a Tantamani después, a retirarse a Kush, perdiendo finalmente el trono de Egipto.

EL PERÍODO SAÍTA

Con la XXVI dinastía se inicia el período conocido como Baja Época o Período Tardío, que dura hasta la conquista de Alejandro Magno. La conquista de Egipto se había convertido en un problema para nubios y asirios. Los primeros eran incapaces de enfrentarse al ejército asirio, pero los asirios eran incapaces de gobernar los territorios conquistados. Finalmente, el rey asirio Assurbanipal decidió nombrar rey a un egipcio que gobernara el país en su nombre, y el elegido fue su aliado Necao, antiguo gobernador de Sais y el primer faraón de la XXVI dinastía.

Sin embargo, los acontecimientos en Egipto no se produjeron como Assurbanipal había planeado. Los nubios no desistían en su plan de reconquistar Egipto y Necao I murió en una ofensiva liderada por Tantamani. Su hijo Psamético I formó un ejército con el que vengó a su padre y expulsó a los nubios de Egipto, que durante el reinado de Tantamani intentaban recuperar el trono de Egipto por última vez. Psamético aprovechó su inmejorable situación tras la derrota del ejército nubio para liberar a Egipto del yugo asirio.

Psamético I fue sucedido por su hijo Necao II, que heredó un Estado pacificado e independiente. Sin la amenaza de la guerra, Necao II pudo dedicarse a explorar las posibilidades geográficas de Egipto y consolidar las alianzas comerciales que había iniciado su padre. Según Heródoto, Necao II envío una expedición a circunnavegar el continente africano partiendo del mar Rojo, para lo que contrató a los mejores marineros de la época, los fenicios. Aunque no existe ninguna prueba que demuestre que efectivamente esta misión se llevó a cabo, sí tiene credibilidad la historia del periplo de Hannón, un fenicio que supuestamente llegó hasta el África occidental a través del océano Atlántico. Parece que por el impulso de los fenicios a la navegación, en esta época se intentaron explotar todas las oportunidades de los viajes ultramarinos, e incluso Necao II llegó a iniciar el faraónico trabajo de unir el río Nilo con el mar Rojo a través de un canal, a lo que solo hay que añadir que el canal de Suez es una

Kylix atribuido al pintor de Náucratis.
Náucratis se convirtió en el destino de muchos objetos y artistas griegos. Este *kylix*, hallado en la ciudad, representa a Zeus, al que los griegos asimilaron con el dios egipcio Amón.
[Figura 95]

de las principales fuentes de ingresos económicos del Egipto moderno.

Mientras se diseñaban estos proyectos para iniciar nuevas rutas de larga distancia la realidad llamaba a la puerta, era la vecina cultura griega la fuerza en auge y reclamaba un trato privilegiado. Los reyes egipcios tenían la frecuente necesidad de contratar mercenarios griegos, y a las *poleis* griegas les interesaba controlar el rico comercio egipcio. Durante el reinado de Psamético I se produjo un punto de inflexión en las relaciones de estos pueblos, la fundación de la colonia griega de Náucratis ('la que gobierna los barcos'), la primera evidencia de asentamientos griegos estables en Egipto. Esta ciudad del delta se construyó en una posición privilegiada, en el brazo canópico del Nilo, muy cerca de Sais, la capital de Egipto en aquel momento. Su ubicación y la existencia de una industria próspera, provocó que rápidamente Náucratis se convirtiera en uno de los puertos más importantes de la Antigüedad y atrajera objetos y personas de todo el Mediterráneo y Asia, lo que le valió ser descrita por Petrie como la «Hong Kong» de Egipto. A pesar de la futura inestabilidad de Egipto durante las invasiones venideras, Náucratis continuó siendo uno de los puertos más importantes del Mediterráneo, acuñó su propia moneda. Su importancia solo decayó tras la fundación de Alejandría.

A pesar de la llegada masiva de inmigrantes a Egipto en esta época, o quizás debido a ello, los faraones saítas trataron de vincularse con los grandes monarcas del pasado y las tradiciones clásicas de Egipto. El arte saíta, sin renunciar a modas recientes como las esculturas *naoforas* ('portadoras de templos'), estudia y se inspira en las obras existentes de períodos anteriores de Egipto, gracias a lo que esta época también es denominada renacimiento saíta.

La decadencia del Imperio asirio a finales del siglo VII a. C. fue aprovechada por los egipcios para extender sus territorios hacia Palestina y restablecer contactos con los fenicios, pero los faraones tuvieron que ayudar a los asirios cuando estos se convirtieron en el último obstáculo para la expansión de un nuevo Imperio aún más poderoso. Hacia el año 560 a. C. Ciro II funda el Imperio aqueménida e inicia un agresivo programa de conquistas que obliga a Egipto a formar una coalición con Lidia y Babilonia para defenderse de este enemigo común. Sus fuerzas, sin embargo, fueron demasiado débiles contra el ejército persa y, uno tras otro, Ciro II venció a los aliados egipcios; primero Lidia en el 547 a. C. y Babilonia ocho años más tarde. Aunque Ciro II murió en el transcurso de una batalla, su hijo Cambises II heredó su Imperio y su proyecto expansionista, que retomó en el mismo punto, donde lo tuvo que dejar su padre. Una vez controladas las ciudades griegas de Jonia (costa occidental de Anatolia) y las fenicias de la costa sirio-palestina, el siguiente paso en la expansión hacia occidente pasaba por la conquista de Egipto. El plan de Cambises II se vio facilitado por la muerte del hábil faraón Amasis II, su hijo Psamético III apenas reinó un año antes de ser derrotado por los persas en la batalla de Pelusium en el año 525 a. C., era el fin de la dinastía saíta.

El Período persa

Según el estratega macedonio Polieno (*Strategemata*, VII, 9), Cambises II ganó la batalla de Pelusium porque se protegió con animales a los que los egipcios no se atrevían a dañar por considerar sagrados. Lo cierto es que con animales o sin animales mediante, se había demostrado que ni Psamético III tenía la experiencia para liderar Egipto contra un enemigo tan poderoso, ni su ejército tenía la capacidad para contenerles. La marcha de Cambises II a Egipto estuvo facilitada por tribus beduinas, que facilitaron el abastecimiento de agua y alimentos al gran ejército persa durante su travesía; y por colaboradores egipcios como Wedjahor-Resne, que había servido como general de la flota egipcia durante los reinados de Amasis y Psamético III, y que entregó la flota egipcia a Cambises II. El único egipcio que pudo derrotar a Cambises II fue el desierto donde se perdieron

La batalla de Pelusium imaginada por el pintor francés Paul-
Marie Lenoir según el texto de Polieno (1873)
[Figura 96]

los cincuenta mil soldados que debían conquistar el oasis
de Siwa, un importante punto en las rutas comerciales
hacia el oeste y sede del célebre oráculo de Amón. Sin un
alarde de ingenio, estos hombres han sido rebautizados
como «el ejército perdido de Cambises», y la búsqueda
de sus restos, que son uno de los mayores misterios
arqueológicos de Egipto, han empujado al desierto a
célebres exploradores como László Almásy, el personaje
en que se basó el libro de El paciente inglés.

Si confiamos en el texto del llamado *Cilindro de
Ciro*, este rey facilitó la convivencia de distintas culturas
bajo una misma unidad política, pero respetando todas
las creencias y evitando el sometimiento del pueblo
a través de la violencia. Pero si confiamos en el relato
de Heródoto, Cambises II llevó a cabo sangrientas

represalias y matanzas en períodos de paz. Pero quizás para los egipcios lo más humillante fueron sus sacrilegios religiosos, con los que atacaba sus sentimientos más profundos. Heródoto nos cuenta que Cambises II:

> Ordenó exhumar de su sepultura el cadáver del monarca (Amasis); y una vez que se hubo ejecutado su orden, mandó azotarlo, arrancarle el pelo, desgarrarle los miembros y ultrajarlo con toda suerte de vejaciones. Más aún, cuando se hartaron de hacer eso (pues, como es natural, el cuerpo, al estar embalsamado, aguantaba sin deshacerse lo más mínimo), Cambises mandó incinerarlo, orden que constituía un sacrilegio.

Poco después asesinó al toro Apis en presencia de sus sacerdotes por un ataque de celos:

> Cuando los sacerdotes llegaron con Apis, Cambises, como estaba bastante desequilibrado, desenvainó su daga y, en su intento de darle a Apis en el vientre, le hirió en el muslo. Entonces se echó a reír y dijo a los sacerdotes: «Malditos estúpidos! ¿Así son los dioses? ¿De carne y hueso y sensibles a las armas? Desde luego este dios es bien digno de los egipcios [...]». Entretanto Apis, herido en el muslo, agonizaba exánime en el santuario; y, cuando murió a consecuencia de la herida, los sacerdotes le dieron sepultura a espaldas de Cambises.

Cuesta creer que Heródoto no exagere y mezcle realidad y ficción. Pero en cualquier caso refleja que los egipcios sintieron una gran antipatía por el Imperio aqueménida y su rey.

Cuando Cambises II abandonó Egipto entregó el poder al persa Ariandes. Por primera vez en más de dos mil quinientos años de historia, Egipto había perdido su independencia y estaba gobernada por un extranjero. La situación provocó fuertes revueltas contra el Gobierno

Escultura *naofora* de
Wedjahor-Resne.
Esta escultura se colocó
originalmente en el templo
de Neit en Sais. Está grabada
con un texto que alaba el
Gobierno de Cambises II,
un enfoque completamente
opuesto al de Heródoto.
[Figura 97]

aqueménida, pero se serenó con el rey Darío I, sucesor
de Cambises II. Darío sustituyó al persa Ariandes por el
egipcio Wedjahor-Resne, que ya había colaborado con
su padre, e inició un período de política conciliadora
que permitió a Egipto vivir un breve período de paz,
aunque con un sentimiento independentista latente. Las
derrotas de Darío, en Maratón y Platea, cuando inten-
taba pasar a la Grecia continental dieron a las naciones

sometidas por los persas el ánimo necesario para suble-
varse contra sus gobiernos.

Darío I murió poco después del fallido intento de
invasión de Grecia y tuvo que ser su hijo Jerjes I quien
se encargara de sofocar las rebeliones de Babilonia y
Egipto. Jerjes I heredó un vasto Imperio con varios frentes abiertos, y aunque no quería renunciar a la expansión
por Europa planeada por su padre, tenía problemas para
mantener los territorios que ya controlaba, especialmente Egipto. El rey Jerjes I fracasó en el mismo punto
que su padre y finalmente fue asesinado por un miembro
de su corte. Durante el reinado de su hijo Artajerjes I
el Imperio persa estaba lo suficientemente herido como
para que el rey abandonara la idea de conquistar Grecia
que tantos disgustos les habían costado, y los griegos
aprovecharon la situación para hostigar a los persas en su
propio territorio. En Egipto, un príncipe egipcio empa-
rentado con la dinastía saíta llamado Inaro, logró vencer
a los persas con ayuda de la flota ateniense y proclamarse
faraón. Los persas contraatacaron matando a Inaro en el
año 449 a. C. Entonces persas y griegos firmaron la Paz
de Calias, el acuerdo que ponía fin a las guerras médicas
y a las ayudas griegas a Egipto.

Tras más de un siglo de dominación persa, Egipto
pudo recuperar su independencia gracias a la suble-
vación de Amirteo (único rey de la XXVIII dinastía),
que no tuvo ninguna respuesta por parte de los persas
porque coincidió con la guerra civil persa tras la muerte
de Darío II.

La guerra civil persa inició un período de oscuras
intrigas y alianzas volubles. Los espartanos se enfrentaron a los atenienses en la guerra del Peloponeso con
ayuda de los persas, pero pocos años después de la guerra
civil cambiaron de bando y apoyaron a la coalición de
Tebas, Atenas, Argos y Corinto contra la propia Esparta

Horus alado derrotando a un enemigo.
La conquista persa de Egipto provocó la influencia del arte
asiático en el egipcio.
[Figura 98]

durante la guerra de Corinto, aunque antes de que finalizara volverían a ponerse del lado espartano.

Los reyes de Egipto estaban siempre atentos de estos cambios porque eran mucho más consecuentes que los griegos e identificaban perfectamente al enemigo, ellos se aliaban con cualquiera que luchara contra el Imperio persa.

Estela del rey Nectanebo I conocida como *Decreto de Náucratis*.
Esta estela recoge la regulación sobre los tributos que los barcos
extranjeros tenían que pagar al templo de Neith en Sais por el
derecho de atracar en el puerto de Náucratis.
[Figura 99]

Cuando el rey persa Artajerjes II quiso reconquistar Egipto se encontró con un ejército bien organizado
y un país con nuevos aliados que consiguió rechazar
sus ataques. Su hijo Artajerjes III reinició la conquista
de Egipto chocando contra los egipcios y sus aliados
griegos en el 351 a. C., pero en el 343 a. C. reunió un
ejército mayor y derrotó a Nectanebo II, el último rey
de la XXX dinastía egipcia, el último faraón nativo.

Artajerjes III y sus sucesores hicieron pagar a los
egipcios todas las penas que él y su padre sufrieron
para reconquistar Egipto. El Segundo Período de
Dominación Persa fue mucho más asfixiante y abusivo
que el primero y el odio contra los persas se expandió

por todo el país. Egipto ya estaba preparado para recibir con los brazos abiertos a su liberador Alejando Magno.

LA TUMBA DE PETOSIRIS

Una de las obras culmen de esta época es la tumba familiar de Petosiris en Tuna el-Gebel, la necrópolis de Hermópolis Magna. Petosiris fue un sumo sacerdote de Thot que vivió durante el final del Gobierno aqueménida y el inicio del período ptolemaico. Su tumba refleja mejor que ningún otro monumento de Egipto la multiculturalidad de este período bisagra.

Tanto a nivel arquitectónico como decorativo, la tumba de Petosiris incorpora características muy novedosas. Estaba precedida por una calzada pavimentada que llegaba hasta la entrada, en medio de cuatro columnas *in antis* unidas por intercolumnios (pequeños muros construidos entre las columnas), una de las novedades arquitectónicas más características de este período.

Pero el aspecto más extraordinario de la tumba es la decoración interior. Sus paredes muestran una curiosa relación y aparente contradicción entre epigrafía y decoración. Los textos describen sus cargos y acciones según las fórmulas tradicionales de las biografías funerarias, y describen el estado ruinoso de Egipto y los templos durante el período persa:

> Nada estaba en su lugar original, puesto que la lucha había estallado dentro de Egipto, estando el sur en tumulto, y el norte en agitación. La gente andaba con la cabeza vuelta; todos los templos estaban sin sus servidores. Los sacerdotes habían huido, sin saber qué estaba pasando.

Exterior de la tumba de Petosiris
[Figura 100]

Cuando me convertí en controlador para Thot, señor de Khmun, puse el templo de Thot en su estado primigenio, Hice que cada rito fuera como antaño.

Textos para la historia antigua de Egipto
J. M. Serrano Delgado

Las imágenes de su tumba, sin embargo, destacan por el movimiento, vivacidad y detalle originado por contagio del arte griego y persa.

Aunque resulta imposible asegurar la identidad de los artistas que realizaron estos relieves, es más probable que se deba a la helenización de los artistas autóctonos que al trabajo de artistas griegos. Debido a la debilidad del Gobierno faraónico durante el Período Tardío y las continuas invasiones de pueblos extranjeros, los

271

Relieve procedente de la tumba de Petosiris.
Algunas de las imágenes de la tumba de Petosiris muestran la
heterogeneidad cultural del Egipto persa: estilo artístico ecléctico,
egipcios fabricando objetos de origen persa...
[Figura 101]

artistas egipcios tendrían que haberse adaptado para poder satisfacer la cambiante demanda de arte.

La tumba de Petosiris incluye novedades arquitectónicas, como los intercolumnios, que aparecen en esta época y van a tener una gran aceptación hasta llegar a convertirse en el modelo clásico de templo tardío, como se observa en el *madrileño* templo de Debod. Pero no ocurre lo mismo con los relieves. La original estética greco-egipcia de la decoración de la tumba de Petosiris comienza una fascinante carrera en la que nadie toma el relevo y cuya evolución, de haberse producido, podría haber provocado una nueva ola de soluciones artísticas inimaginables.

En cualquier caso, la tumba de Petosiris en Tuna el-Gebel, construida a quinientos kilómetros de distancia de Alejandría, es un ejemplo excepcional de la influencia de los pueblos extranjeros en Egipto, de la síntesis de culturas sin mediación del poder real, y de que Egipto estaba preparada para recibir a la nueva dinastía griega.

10

Egipto entre dos mundos

EL NACIMIENTO DE UN DIOS

Mientras persas y egipcios luchaban por el Gobierno de Egipto, en Macedonia nacían algunos de los nombres más importantes de la historia, para quienes esa tierra empezaba a quedarse pequeña. A ojos de un griego de la Hélade, Macedonia se encontraba fuera de los límites de la civilización, pero sus reyes iniciaron un proceso de helenización con el que pretendían ser integrados en el mundo griego.

Al mismo tiempo que Artistóteles estudiaba en el Liceo ateniense de Platón, el futuro rey Filipo II de Macedonia se criaba como rehén en Tebas. Dos bárbaros, los dos hombres que más influyeron en la personalidad del futuro Alejando Magno, completaban su formación observando, estudiando y mejorando el pensamiento y el ejército tradicional griego. Grecia alimentaba de ideas al conquistador más grande de la historia y aún no lo sabía.

El año 356 a. C. nacía el príncipe Alejandro, mientras su padre se enfrentaba a rivales dentro y fuera de sus fronteras para consolidar un reino rico y bien armado. Alejandro fue educado en las artes marciales que tan bien dominaba su padre, pero antes de que se lanzara a conquistar el mundo, su padre quiso que conquistara su propio espíritu. Filipo II y Alejandro atrajeron a la élite intelectual de Grecia: Calístenes, Sóstrato de Cnido, Lisipo, Apeles, etc. Cuando Alejandro contaba con trece años, el rey Filipo II mandó llamar al filósofo Aristóteles para que tutelara al joven príncipe. Aristóteles escribió para el heredero macedonio una obra titulada *Sobre la monarquía*, hoy perdida, en la que aconsejaba al joven heredero sobre las virtudes de un buen gobernante, como más de mil quinientos años antes había hecho Amenemhat. Los historiadores suelen resumir esta doble influencia diciendo que Alejandro aprendió a pensar como un griego y a luchar como un bárbaro.

En el año 340 a. C. Alejandro (Alejandro III de Macedonia) fue nombrado regente de su padre, asumiendo el mando militar en batallas como la de Queronea contra una coalición liderada por Tebas y Atenas; y tareas gubernamentales como el Gobierno de Tracia. En el año 336 a. C. Filipo II murió mientras preparaba el plan de campaña contra el Imperio persa. Tras la muerte de Filipo II algunas ciudades-Estado lideradas por Tebas (la griega) se sublevaron y pusieron a prueba la resolución del joven heredero, que pudo aplacar la rebelión sin recurrir a las armas. Pero poco tiempo después Tebas volvió a rebelarse, y esta vez Alejandro tomó la ciudad con especial dureza. La forma de actuar de Alejandro en Tebas preludiaba su política de conquistas, Alejandro fue un rey tan compasivo y generoso con aquellos que se rindieron y le ayudaron, como cruel con sus adversarios.

Las luchas en Grecia habían demostrado que Alejandro estaba capacitado para llevar a cabo el proyecto expansionista de su padre. Su primer objetivo fue Anatolia, donde llegó tras cruzar el estrecho de los Dardanelos. Tras una breve parada para visitar la tumba de Aquiles, se enfrentó a los persas por primera vez en la batalla del Granico en 334 a. C. Un año después llegó la confirmación de su potencial bélico, cuando al mando del ejército macedonio derrotó en Issos al ejército persa dirigido por el rey Darío III y capturó a su familia. Aunque la victoria en Issos le daba una ventaja muy importante, Alejandro prefirió fortalecer sus posiciones antes de marchar hacia el corazón del Imperio persa.

En el 332 a. C., tomó Tiro tras un largo asedio de siete meses y después se dirigió a Egipto. Las últimas victorias macedonias en Siria y la aversión del pueblo egipcio contra los persas y sus aliados acorralaba al reducido ejército persa en débiles reductos, y Alejandro consiguió una victoria fácil en Egipto. Con la conquista de Tiro y Egipto, Alejandro aseguraba el control de los principales puertos orientales del Mediterráneo e impedía que los persas le sorprendieran atacando su retaguardia.

Alejandro llegó a Egipto en invierno, e interrumpió la conquista de Asia hasta la primavera. En ese intervalo tuvo tiempo para visitar las pirámides, ser coronado rey del Alto y Bajo Egipto en Menfis al modo tradicional y con la titulatura real egipcia, y llevar a cabo un célebre viaje al oasis de Siwa, donde fue recibido por el oráculo de Amón. En este tiempo la fama del oráculo de Amón sobrepasaba en mucho la religión egipcia, se había convertido en un centro oracular de referencia en

Busto de Alejandro Magno,
probablemente procedente de Alejandría
[Figura 102]

todo el Mediterráneo, incluso se decía que Heracles y
Perseo lo habían visitado en tiempos míticos. El oráculo
de Amón confirmó a Alejandro lo que quería escuchar,
que descendía de Zeus y que reinaría sobre todos los
hombres.

Apoyado en las ideas faraónicas, el reinado de
Alejandro Magno supone un vuelco en la concepción
divina de la realeza. Además de la confirmación del
oráculo de Amón, algunos textos de su reinado cuentan

que su madre Olimpia quedó embarazada de Zeus, que se manifestó ante la reina como un rayo o una serpiente. Alejandro también quiso emular las hazañas de los héroes míticos que tanto admiraba y triunfar allí donde ellos habían fracasado. En Pakistán dirigió una expedición militar (estratégicamente inútil) contra la roca Aornos, solo porque las leyendas de esas tierras decían que fue inexpugnable para Heracles, el hijo de Zeus. Pero no se conformó con superar a los mismos héroes de los que pretendía descender, sino que fue una generación más allá.

Los sucesores de Alejandro van a heredar la idea de la genealogía divina y a convertirla en parte esencial de su imagen. Ptolomeo I unió su linaje a Heracles y Dioniso, y Ptolomeo II Filadelfo contrajo un incestuoso matrimonio con su hermana Arsínoe II elogiado por Teócrito, quien lo comparaba con el matrimonio divino entre Zeus y Hera. Y de aquellos barros, estos lodos. Todavía en la España de los Austrias, Heracles era considerado el fundador mítico de los Habsburgo.

Pero también hubo quien criticó esta conducta, vista por muchos griegos como un imperdonable acto de *hibris*. El poeta Sotades pagó con su vida la crítica al incestuoso matrimonio entre Ptolomeo II y su hermana: «Muchísimos hombres cayeron en las mayores desgracias a causa de la incontinencia de su lengua […]. Cuando Filadelfo tomó por esposa a su hermana Arsínoe, como dijera Sotades: hundes el aguijón en un agujero impuro». (*Plutarco, Obras morales y de costumbres* (*Moralia*) I. Concepción Morales Otal y José García López [eds.]).

Coincidiendo con esta época de grandes cambios en la relación entre la divinidad y la realeza, llegó a Egipto el filósofo griego Evémero, que defendió que los dioses no eran más que personajes históricos reales de un pasado magnificado por una tradición fantasiosa y legendaria.

Las guerras de los diadocos y la sucesión de Alejandro Magno

Tras abandonar Egipto, Alejandro llevó sus tropas hasta el valle del Indo, pero tuvo que regresar hacia Occidente para controlar a algunos de sus sátrapas. En el año 323 a. C., en el palacio de Nabucodonosor II en Babilonia, Alejandro Magno fallece a la edad de treinta y dos años. Su muerte significa el fin inmediato del sueño de un gran Imperio helénico unido.

Las causas de la muerte de Alejando Magno son desconocidas, las más conspirativas defienden que fue por envenenamiento; las más filosóficas sugieren que fue por el exceso con la bebida, «la victoria del estrato dionisiaco sobre la *paideia* filosófica adquirida, de la pasión sobre la razón». Lo único cierto es que la muerte le alcanzó prematuramente, sin que hubiera podido establecer una línea sucesoria estable y generalmente aceptada, y se desató el estado de caos entre las tropas. Los herederos por derecho de sangre eran Filipo Arrideo, el hermano de Alejandro Magno disminuido psíquico, y el hijo que aún se encontraba en el vientre de su esposa Roxana, sin seguridad de que fuera varón o naciera sano. En estas circunstancias los principales generales de Alejando Magno tenían la posibilidad real de beneficiarse de los dividendos del Imperio macedónico que ellos mismos habían ayudado a conquistar y evitaron dar el poder a uno solo de ellos. Filipo Arrideo fue nombrado rey con el nombre de Filipo III, y poco tiempo después compartió la regencia con su recién nacido sobrino Alejandro IV. Esta extraña pareja de títeres en manos de su protector Perdicas no era más que un recurso de los generales para ganar tiempo y poder.

Tras la muerte de Alejandro, Perdicas había gobernado la parte oriental del Imperio y Antípatro en Grecia y Macedonia, mientras que los sátrapas gobernaban las provincias. Esta solución temporal a la espera de que Alejandro IV alcanzara la mayoría de edad produjo continuos enfrentamientos durante décadas entre los defensores de la unidad del Imperio y los que buscaban formar su propio reino, lo más extenso posible. Después de muchos enfrentamientos este inquieto mapa consiguió fijar sus fronteras en el año 301 a. C. tras la batalla de Ipsos (Turquía):

- Seleuco reinó la parte más oriental del Imperio y también la más extensa, que incluía el centro de la península anatolia, Mesopotamia, Persia, Bactria y la costa siria.
- Lisímaco controló los territorios alrededor del estrecho del Bósforo, Tracia y la parte occidental y septentrional de la península anatolia.
- Casandro gobernó en Grecia y Macedonia.
- Ptolomeo se convirtió en rey de Egipto, Cirene, Chipre y la costa palestina.

Tras la muerte de Alejandro, Ptolomeo comenzó a gobernar en Egipto junto a un poderoso político local, Cleómenes de Náucratis. Durante los primeros años, Ptolomeo gobernó en nombre de Alejandro IV, hasta que finalmente en el año 305 a. C., después de que Cleómenes y Alejando IV hubieran fallecido, Ptolomeo I Soter I se proclama faraón de Egipto e inicia la dinastía lágida o ptolemaica.

Para legitimar un puesto que por linaje no les correspondía, los diádocos se apoyaron en la imagen de Alejandro Magno, cuyo legado se convirtió en un poder justificador de las nuevas monarquías. Seleuco y Ptolomeo acuñaron monedas con la efigie de Alejando Magno tocado con la cabeza de un elefante, el símbolo de sus victorias en Asia, y también idearon una

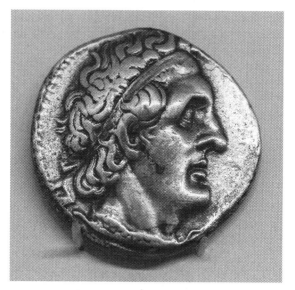

Tetradracma de Ptolomeo I.
Ptolomeo I fue el primer rey en acuñar monedas con su
retrato, una tradición que aún continúa en nuestros días.
Con esta brillante idea consiguió un eficaz vehículo de
propaganda y de paso puso imagen a una máxima universal,
que el auténtico rey es el dinero.
[Figura 103]

genealogía divina que remontaba sus orígenes hasta
los dioses como ya había hecho Alejandro Magno.
Seleuco se proclamó descendiente de Apolo, mientras
que Ptolomeo hizo lo propio con Heracles y Dioniso,
de los que también se consideraba descendientes la
casa de Alejandro. En la lucha por obtener la legitimación que pertenecía al heredero de Alejandro Magno,
Ptolomeo logró una gran victoria cuando consiguió
desviar hasta Alejandría el carro que trasladaba su cadáver

a Macedonia. Su cuerpo, ya convertido en reliquia, fue enterrado en un mausoleo conocido como Sema, que se convirtió en el panteón real de la casa lágida.

Aunque hoy en día el Sema está en paradero desconocido, en la Antigüedad se convirtió en un lugar de peregrinaje imprescindible para cualquier rey y emperador que visitara Egipto. Augusto «mostró su respeto a este colocándole una corona de oro y cubriéndolo de flores, y cuando se le preguntó si quería ver la tumba de los ptolomeos dijo que había venido a ver al rey, no a muertos» (Suetonio, Augusto 18, 1). Otros con menos escrúpulos saquearon su tumba. Como Calígula, que hizo llevar a Roma la coraza de Alejandro para vestirla antes de las expediciones militares, lo que no deja de ser un impío gesto de admiración.

PTOLOMEO I Y SERAPIS

La llegada de Ptolomeo a Egipto estuvo acompañada por miles de griegos, en su inmensa mayoría soldados. Ptolomeo I propició el acercamiento entre griegos y egipcios, una política de fusión basada en la estrategia conciliadora de Alejandro Magno. Es especialmente significativo que en esta época apareciera el dios Serapis, cuyo sincretismo y universalidad casaba con las características del recién inaugurado reino. Serapis poseía el poder de sanación y el poder de fecundidad y regeneración de Dioniso y Osiris, además de aspectos divinos de Zeus, Amón, Plutón, Apis y Ptah. Pero aunque Serapis aúna dioses egipcios y griegos, su aspecto es deudor únicamente de la estética griega, un hombre maduro y barbado con media melena rizada (*anastole*) que porta un cesto de la abundancia (*kalathos*) sobre su cabeza.

Busto de Serapis.
La imagen de Serapis está basada en modelos puramente helenos,
y solo a través de sus atributos podemos diferenciarle de otros
dioses griegos como Asclepio, Hades o Zeus.
[Figura 104]

La figura de Serapis se suele leer en clave política, la idea de un rey para intentar hermanar dos culturas diferentes. Según Plutarco fue el mismo dios Serapis quien se apareció en los sueños de Ptolomeo I y le ordenó que llevara su estatua y su culto a Alejandría:

> Ptolomeo Soter vio en sueños al coloso de Plutón que estaba en Sinopsis. Ignoraba su existencia, no sabiendo su forma, no habiéndolo visto jamás. En

esta visión le ordenó el dios hiciera transportar lo antes posible esta gigantesca figura a Alejandría [...]. Tan pronto fue visible aquella figura transportada, Timoteo y Manetón el Sebenita conjeturaron por el Cerbero y el dragón que poseía como emblemas, que se trataba de la estatua de Plutón, persuadiendo a Ptolomeo que no representaba a otro dios sino a Serapis. En el lugar de donde venía no llevaba ciertamente este nombre, pero una vez transportaba a Alejandría se la designó de este modo, puesto que recibió por parte de los egipcios el nombre de Serapis, que es precisamente del que se sirven para designar a Plutón.

De Iside et Osiride
Plutarco

Esta historia se ha interpretado como el trasunto mitológico de un encargo real de Ptolomeo I, que reunió a los sabios Demetrio de Phalenon y Timoteo para que idearan las características del dios y sus ritos, y contrató al escultor Briaxis, para que le diera forma.

Pero cabe dudar de si el empeño de una sola persona, por muy rey que fuera, pudo ser motivo suficiente para que este dios alcanzara una gran popularidad no solo en Egipto, sino más allá de la tierra y el tiempo que le vio nacer. Es posible que Serapis fuera a la religión lo que la tumba de Petosiris al arte, el fruto natural de la convivencia entre culturas que toman lo mejor de cada una de ellas y mejoran gracias al contacto. Puede que la aparición de Serapis fuera la solución para representar formas más eficaces de lo sagrado en un tiempo en que las creencias religiosas se transformaban por la influencia con otras formas de fe. Este proceso de sincretismo, del hallazgo de semejanzas entre distintos dioses es un proceso casi espontáneo en las religiones politeístas, y en tiempos ptolemaicos no solo aparece Serapis, sino otras divinidades sincréticas como Hermanubis (formado por

Esta inscripción votiva recuerda la erección de un templo
dedicado a Serapis en Eboracum (York, Inglaterra): «Al sagrado
dios Serapis construyó este templo Claudius Hieronymianus,
legado de la VI Legion Victrix».
[Figura 105]

Hermes, del que toma el cuerpo y el caduceo; y Anubis,
del que toma el rostro de chacal) o Zeus-Amón, un dios
representado como un Zeus con cuernos de carneros.

ALEJANDRÍA, CAPITAL DEL HELENISMO

Según el historiador griego Plutarco, Alejandro fundó más
de setenta ciudades, la mayoría de las cuales llevaron su
nombre, pero ninguna fue tan célebre ya en la Antigüedad
como en tiempos modernos, hablamos de Alejandría de
Egipto.

Autores antiguos narran un episodio de tintes míticos para justificar la fundación de esta ciudad. Tras visitar
la abandonada y destrozada tumba del héroe Proteo en la
isla de Faros, Alejandro mandó honrar su memoria con

ritos fúnebres y levantar en torno suyo una ciudad, cuyo perímetro marcó con la harina de las tropas, un presagio de la futura riqueza de la ciudad. Los autores de esta historia escribían con la ventaja de conocer el destino de la ciudad, pues vivieron mucho tiempo después de los hechos, cuando efectivamente la Alejandría de Egipto se había convertido en un centro próspero económica y culturalmente. Pero de vuelta al pasado, la fundación de Alejandría responde no a la fortuna de un episodio aislado, sino a la decisión de un genial estratega.

El elevado número de nuevas fundaciones suponía un gasto desmedido de dinero y hombres que no puede justificarse únicamente por el ego de un rey. La mayoría de las nuevas ciudades eran en realidad centros proyectados desde un punto de vista militar para crear puertos, controlar el territorio, vigilar las fronteras, abastecer al ejército, etcétera.

Y aunque en Alejandría no se acantonaron tropas militares, la ciudad, que aprovechaba el antiguo puerto de Racotis, mejoraba la comunicación y abastecimiento entre el Mediterráneo y el interior del país. Para diseñar el trazado, en vez de usar harina, Alejandro tuvo una idea mejor, contratar a uno de los arquitectos griegos más famosos de su tiempo, Dinócrates de Rodas.

Dinócrates de Rodas creó la ciudad a partir de un trazado hipodámico con eje este-oeste, dado que la ciudad limitaba al norte con el mar y al sur con la laguna Mereótide. La calle principal, más ancha y adornada que el resto, recibió el nombre de vía Canópica.

Se construyeron dos puertos, uno comercial y uno militar, y para auxilio de los marineros, se aprovechó la rocosa isla de Faros para levantar una gigante torre cuya luz los guiaba hasta el puerto. Este edificio, que tomó el nombre de la isla sobre la que se construyó, fue ideado a finales del reinado de Ptolomeo I o inicios del reinado de

Representación de Isis y del faro de Alejandría en una moneda.
En época ptolemaica el culto a la diosa Isis tuvo una gran
expansión, pero sus atribuciones variaron respecto al sentido
egipcio original. En esta imagen se le representa como Isis Faria,
protectora de los marineros, junto al faro de Alejandría.
[Figura 106]

Ptolomeo II, quien encargó la realización del proyecto a
su arquitecto de confianza, Sóstrato de Cnido. Gracias
a que fue un motivo frecuente en las monedas de
Alejandría, tenemos una idea bastante exacta del aspecto
original del faro de Alejandría: una torre diseñada con
tres cuerpos, el primero de sección cuadrangular y
paredes en talud, que sostenía uno ortogonal, sucedido
por un cuerpo cilíndrico, y como remate del edificio se
colocó una escultura de Ptolomeo I en el punto más alto.

Para poder manipularlo se construyó una calzada artificial que unía la isla de Faros con la costa, el *Heptastadion*. El faro de Alejandría fue la más moderna de las siete maravillas del mundo antiguo.

Es evidente la vocación comercial y helena de Alejandría, que nace de cara al mar y espaldas a Egipto. El distrito real, conocido como Brucheion, se encontraba al noreste de la ciudad, cerca del puerto. Puesto que en Alejandría no existía ningún promontorio que pudiera convertirse en acrópolis, acercar el palacio al puerto era la mejor manera de que las murallas del palacio pudieran ser vistas desde la principal vía de acceso y salida de la ciudad y recordaran quién mandaba en la ciudad.

En la parte norte de la ciudad, cerca del palacio, se encontraban los principales edificios públicos, entre otros, el teatro, el *museion* y la biblioteca, que atrajeron a sabios de todo el mundo. La biblioteca de Alejandría fue una de las más importantes del mundo antiguo, fue construida durante los reinados de los dos primeros ptolomeos, y se confió su dirección al gramático Zanodoto de Éfeso. Entre los edificios religiosos destacan el Serapeo, el Tycheion (dedicado a Tyche, la diosa fortuna), y el templo de Ras el-Soda.

Todos estos edificios están en parte destinados a satisfacer las demandas de los colonos que llegan con Ptolomeo a Egipto, en su mayoría soldados obligados a vivir en un país extranjero, que miran con extrañeza la cultura egipcia y demandan las actividades y los objetos que les son propios y conocidos, aquellos que en su región de origen eran signo de prestigio. Así, Alejandría se convierte en una isla dentro del propio reino del que es capital y un destino más prometedor para artistas griegos que egipcios.

Según Plinio el Viejo, Ptolomeo II mandó forjar una escultura de hierro que quedaba suspendida dentro de una cúpula gracias a un imán. Pero la riqueza descrita por los autores antiguos contrasta con la realidad arqueológica y quien hoy visita Alejandría no debe esperar encontrar grandes monumentos de época ptolemaica. Los hallazgos en Alejandría están lejos de alcanzar el nivel de conservación y calidad de los templos egipcios contemporáneos o de las obras creadas por otras escuelas artísticas del período helénico como la pergaménica, de donde procede el magnífico altar que se conserva en Berlín. La antigua Alejandría ha sido consumida por el fuego, el agua, el hombre... en definitiva, por el tiempo.

Los templos grecorromanos

En contraste con Alejandría, los templos egipcios construidos en época grecorromana son los mejor conservados y más conocidos, y aunque algunos autores no los han considerado auténticamente egipcios, trazan una línea evolutiva formal y ritual que enlaza directa e indudablemente con los templos del Reino Nuevo.

Los templos más conocidos de esta época son los de Isis en Filae (trasladado por la presa de Asuán a la isla de Agikilia), de Hathor en Dendera, de Khnum en Esna, de Horus en Edfú y de Horus y Sobek en Kom Ombo.

En la concepción de estos templos está muy presente la tradición egipcia, e incluso en algunos se asegura que su diseño pertenece a alguno de los antiguos arquitectos divinizados, como Imhotep o Amenhotep hijo de Hapu. Lo cierto es que sus modelos más claros son los grandes templos del Reino Nuevo como el de Luxor. Como ellos, los templos ptolemaicos se conciben

Fachada del templo de Hathor en Dendera
[Figura 107]

como un microcosmos donde residía el dios presente en su escultura, y en los que se llevaban a cabo los rituales diarios que permitían el mantenimiento del dios y de *maat*. Durante los festivales, el dios era sacado de su capilla y llevado en procesión, por lo que los templos grecorromanos, como los del Reino Nuevo fueron diseñados teniendo como eje una gran vía recta, el camino de la escultura del dios desde su capilla hasta las puertas del templo.

Los templos grecorromanos fueron construidos siguiendo un esquema principal que varía mínimamente de un templo a otro. Lo primero que encontramos es la puerta flanqueada por pilonos que daba acceso a un gran patio porticado. A continuación se pasa a una sala hipóstila, que precede a la capilla principal donde se encuentra la escultura del dios. Antes de la capilla principal podía haber una sala de ofrendas con cámaras subsidiarias.

Sobre este esquema tradicional se incluyeron algunos cambios estéticos y arquitectónicos. El primero es la proliferación de textos y relieves. Tanto textos como imágenes se basan en la tradición egipcia, pero mientras el programa iconográfico se mantiene casi invariable, escenas de ofrendas a los dioses, de rituales, coronación, etc.; el sistema de escritura jeroglífica había ido adoptando nuevos símbolos y en consecuencia se había ido enriqueciendo y complicando. El corpus de jeroglíficos pasó de los alrededor de setecientos usados durante el Reino Medio hasta llegar a superar los seis mil símbolos en época romana.

En época ptolemaica también se asiste al nacimiento o consolidación de nuevas formas arquitectónicas. Algunas modificaban los elementos preexistentes, como los muros intercolumnios que sustituyeron a los pilonos de los patios porticados; otras eran nuevas, como los quioscos y mammisi.

Se llama «quiosco» al edificio cuadrangular abierto por el techo y cerrado por muros intercolumnios en sus cuatro lados. Los quiscos tenían una función ritual, albergaban las esculturas de las divinidades cuando eran sacadas de su oscura capilla y llevadas en procesión cada día de Año Nuevo. Allí podían reunirse con Ra, alimentarse de la energía del sol, y recibir los rituales diarios a salvo de las miradas de los fieles.

Los *mammisi* o 'casas de nacimiento divino', eran espacios dedicados al nacimiento divino de Horus. Se trata de edificios anexos a los templos, generalmente independientes y perípteros (rodeados por columnas), quizás por influencia de los templos griegos. Aunque el primer *mammisi* fue construido por el rey Nectanebo I en Dendera, su difusión y consolidación data de época

Quisco de Trajano
[Figura 108]

ptolemaica. El desarrollo de los *mammisi* evoluciona paralelo al del dios Bes. Bes es un antiquísimo dios protector relacionado con el matrimonio, los partos y los infantes adorado especialmente por las clases bajas de Egipto en el entorno doméstico. En época ptolemaica el culto de Bes llega a su auge y se adopta definitivamente por la religión oficial. Bes es un dios fácil de reconocer, ya que a diferencia de los admirables dioses egipcios, es representado como un enano barbudo y grotesco, tocado por una corona y que puede llevar cuchillos y vestir una piel de león. Dada su función simbólica, los *mammisi* suelen ser decorados con imágenes de Bes, protector de los nacimientos y la infancia, o de Hathor-Isis. Los *mammisi* tenían un planteamiento de legitimación dinástica. Así deben interpretarse las escenas de lactancia de Horus y Hathor-Isis, que unen al príncipe-Horus con el rey-supadre-Osiris, gracias a la legitimación heredada a través de la reina-Isis.

Cipo de Horus.
Durante el período ptolemaico se crean las llamadas estelas o
cipos de Horus, en las que se representa a Horus niño pisando
animales salvajes, y protegido por Bes. Frecuentemente estos
monumentos se grababan con conjuros de defensa contra el
ataque y el veneno de animales peligrosos.
[Figura 109]

Copia del zodiaco de Dendera
[Figura 110]

Los templos ptolemaicos tuvieron capillas en los tejados. El ejemplo mejor conservado es el templo de Dendera, donde se construyeron unas pequeñas capillas dedicadas a Osiris. La terraza del templo de Dendera se decoró con el relieve conocido como zodiaco de Dendera, la primera representación de las constelaciones celestes con los doce símbolos que se siguen utilizando hoy en día. A pesar de su evidente estética egipcia, el zodiaco de Dendera es un ejemplo del sincretismo de época grecorromana, ya que incluye imágenes del mundo griego inexistentes en la mitología egipcia, como un centauro.

Guerras civiles

Tras el final de la tercera guerra púnica, en el año 146 a. C., Roma había creado la primera provincia en el norte de África, que coincidía con el actual territorio de Túnez y a la que llamaron África. En el 74 a. C. la Cirenaica (el territorio coincidente con la actual Libia) también pasó a formar parte del territorio de la República romana gracias a la donación de Ptolomeo Apión. El siguiente paso lógico de Roma era controlar Egipto, un país imprescindible para continuar con la política expansionista, ya que era rico en recursos naturales y fácil de gobernar, puesto que ya poseía una administración y estructuras eficientes.

En el 60 a. C. los generales romanos Craso, Julio César y Pompeyo Magno formaron el primer triunvirato, y en el 58 a. C. Roma anexiona la isla de Chipre, que todavía era territorio egipcio. La conquista no tuvo ninguna respuesta por parte de Egipto, su pasividad era la muestra evidente de su inferioridad militar. La incapacidad del rey Ptolomeo XII Auletes para hacer frente al poderío romano provocó una revuelta en Alejandría que finalizó con el destierro de Ptolomeo XII, refugiado primero en Chipre y después en Roma. Ptolomeo XII fue depuesto en el trono de Egipto tres años más tarde gracias al apoyo del Senado romano y de importantes personajes romanos con motivos particulares, como Cayo Rabirio Póstumo, un prestamista que había invertido dinero en Egipto y que fue nombrado *dioiketés* de Egipto, un puesto semejante al de ministro de fianzas, para poder recuperarlo.

Ptolomeo XII Auletes reinaría hasta su muerte en el 51 a. C., cuando fue sucedido por su hijo Ptolomeo XIII Dioniso, que había contraído matrimonio con su hermana Cleopatra VII. El nuevo rey tenía tan solo doce

Busto de Cleopatra VII en estilo egipcio
[Figura 111]

años, demasiados pocos para no dejarse controlar por
un cortesano, tutor del rey, consejero… y aspirante al
trono en secreto. Durante el reinado de Ptolomeo XIII,
esta figura casi arquetípica fue Potino. Sin duda, fue
Potino quien provocó que Cleopatra VII fuera desterrada.
Ptolomeo XIII era un títere fácil de manipular, pero la
sangre, la edad, el carácter y las capacidades de Cleopatra

convertían a la reina en un obstáculo demasiado grande para sus aspiraciones. Desde el exilio Cleopatra consiguió organizar un ejército de seguidores e inició una guerra para reclamar el trono de Egipto. A estas alturas Egipto seguía siendo un país rico, uno de los principales focos culturales del Mediterráneo, y sobre el papel, conservaba su independencia. Pero la realidad es que durante el reinado de los últimos ptolomeos había perdido la influencia internacional y el poderío militar que poseía al inicio de la dinastía. Se había convertido en un protectorado romano *de facto*, obligado a obedecer y finalmente a ser conquistado.

El Triunvirato romano finalizó en el 53 a. C., cuando Craso falleció luchando en la batalla de Carras contra el Imperio parto. La polarización del poder empujaba a Roma a una nueva Guerra Civil, el mismo estado en que se encontraba Egipto. La guerra civil romana finalizó en el 48 a. C., cuando César derrotó a Pompeyo en la batalla de Farsalia (Grecia). Vencido y sin apoyos, Pompeyo huyó a Egipto tras la batalla, pero su refugio se convirtió en su tumba, ya que allí fue decapitado por orden de Potino, que, con este gesto, esperaba congraciarse con César. El efecto fue el contrario, César se mostró triste y furioso por el trato que los egipcios habían dispensado al cadáver de Pompeyo, a quien César había otorgado amnistía cuando estuvo vivo y enterró con honras fúnebres cuando murió.

Egipto era demasiado importante para Roma como para que la situación de desgobierno del país se alargara. César acababa de terminar la guerra civil romana y quería hacer lo propio con la egipcia, así que convocó a los contendientes a una reunión en Alejandría que arbitraría él mismo. En este punto, historia y leyenda se funden y confunden. Cleopatra consiguió burlar la seguridad del palacio de su hermano y llegar a la estancia de

César escondida en una alfombra. Después de pasar esa noche juntos, la objetividad de César se supuso inexistente, Ptolomeo XIII sabía que no podía esperar nada positivo para él de ese encuentro y decidió atacar a las tropas romanas antes de la reunión. Cleopatra y César vivieron los primeros ataques juntos en palacio, hasta que las tropas de refuerzo romanas llegaron y decantaron la batalla a favor del lado de César, que de nuevo consiguió mediante las armas la victoria que se le había escapado a la diplomacia.

Finalizadas las guerras civiles egipcias y romanas, César pudo disfrutar de un tiempo de paz en Egipto después de años de lucha ininterrumpida. Allí visitó los monumentos del país navegando junto con Cleopatra, momento en el que engendraron un hijo al que llamaron Ptolomeo Cesarión.

EL EFÍMERO IMPERIO DE CLEOPATRA VII Y EL FIN DE EGIPTO

Después de que César reanudara la guerra y abandonara Egipto, Cleopatra VII contrajo matrimonio con su hermano Ptolomeo XIV, pero cuando la guerra acabó la reina decidió trasladarse a Roma junto a César y su hijo.

En Roma el poder acumulado por César había resucitado los viejos fantasmas de la monarquía, y finalmente César fue asesinado en el Senado en los *idus* de marzo del año 44 a. C., el día antes de que comenzara su expedición contra los partos. Su muerte provocó nuevos conflictos internos. Marco Antonio y Octaviano, el futuro emperador Augusto, se consideraban herederos legítimos de César, y aunque tras su muerte se unieron para enfrentarse a sus asesinos, al mismo tiempo intentaban controlarse mutuamente.

En el 42 a. C. una flota liderada por Marco Antonio y Octaviano derrotaba al ejército de los asesinos de César en Filipos (Macedonia), y sin más enemigos políticos capaces de frenarles que ellos mismos, Marco Antonio y Octaviano se dividieron el territorio de Roma. Octaviano gestionaría Italia y las provincias occidentales, mientras que tocaba a Marco Antonio gobernar las provincias orientales. La política de Marco Antonio se centró en someter al gran enemigo de Roma en aquellos momentos, el Imperio parto. Esta expedición había sido el último objetivo planteado por César, y una victoria contra los partos elevaría a Marco Antonio sobre Octaviano como digno heredero de César por méritos propios. Pero la estrategia requería de preparativos extraordinarios, aliados que pudieran auxiliar al ejército romano rápidamente y una red de suministros fiable y suficiente. Por recursos y proximidad, el socio ideal era Egipto. Tras la muerte de César, Cleopatra VII regresó con su hijo a Egipto, que coincide con la oportuna muerte de Ptolomeo XIV por envenenamiento.

Para negociar el apoyo de Egipto a su causa, Marco Antonio concertó una reunión con Cleopatra en Tarso (actual Turquía). Plutarco («Antonio» dentro de *Vidas paralelas*, 26, 2) nos cuenta la pomposidad de la que hace gala la reina egipcia para engatusar a Marco Antonio en su primer encuentro:

> Llegó en una embarcación con la popa dorada, en el que se encontraban desplegadas velas de púrpura y hasta los remos tenían broncíneos asidores, mientras o envolvía todo una armoniosa melodía de un concierto de flauta, caramillo y cítara. Ella misma reposaba a la sombra de un baldaquín bordado en oro, adornada de la misma forma que Afrodita en las pinturas, mientras dispuestos a ambos lados unos niños, vestidos también como esos Amores de los cuadros, le daban aire.

Busto de Cleopatra VII en estilo romano
[Figura 112]

Este encuentro transformó completamente a Marco Antonio, que comenzó a romper su relación con Roma y Octaviano hasta forzar la guerra. Primero repudió a su mujer Octavia, hermana de Octaviano; anunció su divorcio y su nuevo matrimonio con Cleopatra VII, del que nacerían tres hijos: Cleopatra Selene II, Alejandro Helios y Ptolomeo Filadelfo.

Cleopatra VII consiguió que Marco Antonio, convertido ya en amo de Oriente, privilegiara a sus hijos por encima de la mismísima Roma a la que tantos

Esta gran moneda de oro es conocida como cuaternión de Augusto, ya que pesa cuatro áureos. Es un tipo de moneda muy inusual (solo se conocen tres) que no servía para uso corriente, sino que se entregaba como un obsequio a modo de medalla. El cuaternión de Augusto, expuesto en el MAN, conmemora la conquista de Egipto por Augusto. Por eso en el reverso de la moneda se representa un hipopótamo como símbolo de Egipto con la leyenda: «AEGYPTO CAPTA».
[Figura 113]

años había servido. En las llamadas Donaciones de Alejandría, Marco Antonio decidió repartir entre los hijos que había tenido con Cleopatra los territorios de Fenicia, Armenia, Cirenaica, Chipre y Creta, y reconocer a Ptolomeo Cesarión como rey de reyes y único heredero de César. Cleopatra VII había logrado restaurar el Imperio lágida, pero en Roma las Donaciones fueron interpretadas como una traición de Marco Antonio y con el beneplácito del Senado, Octaviano preparó a sus legiones para acabar con Marco Antonio y el nuevo Imperio egipcio.

En el año 31 a. C. las fuerzas navales de Octaviano y Marco Antonio se enfrentaron en Accio (Grecia). Esta batalla fue el fin del efímero Imperio de Cleopatra VII, que huyó con Marco Antonio a Egipto cuando la batalla ya estaba decidida del lado de Octaviano.

Sin fuerza naval que les auxiliara, Marco Antonio y Cleopatra fueron fácilmente cercados en Egipto y asumieron su derrota suicidándose. Para la historia queda el suicidio, probablemente fabuloso, de Cleopatra VII haciéndose morder por un áspid que engalanó entre otros el poeta Horacio. Tras la batalla de Accio, Octaviano anexionaba el territorio de Egipto, pero con una consideración especial dentro de la organización de los territorios romanos. En sus *Res Gestae* declara que: «añadí Egipto al poder del pueblo romano»; lo que en la práctica suponía que su gestión no dependía del Senado, sino del mismo Octaviano, quien dispuso para el gobierno de Egipto a un *praefectus Alexandrie et Aegypti*, un delegado de su propia persona.

EL ÚLTIMO JEROGLÍFICO

El fin de la independencia egipcia es el telón tradicional con el que se pone fin a la historia del Egipto faraónico. Romanos, bizantinos, omeyas, abasíes, fatimíes, otomanos, británicos... Egipto tardaría mucho tiempo en volver a ser independiente, y cuando lo haga, el país será totalmente diferente.

Sin embargo, la dominación romana no supuso grandes cambios repentinos en el país. La cultura egipcia continuó siendo muy importante durante el Alto Imperio Romano, como demuestra el uso continuado de la escritura jeroglífica y la construcción o ampliación de edificios religiosos como el quiosco de Trajano, el templo de Dendera o el «madrileño» templo de Debod. Los emperadores romanos siguieron siendo proclamados faraones y durante muchos años se les siguió otorgando los nombres tradicionales de la titulatura real

Este extraordinario retrato de bronce conocido como la *cabeza de Meroe* representa al emperador Augusto en su juventud. Fue hallado en la antigua Meroe (actual Sudán) y ha perdido su cuerpo, probablemente realizado en un material distinto. Según Estrabón (XVII, 53-54), hacia el año 24 a. C. una reina kushita atacó a las guarniciones romanas acuarteladas en varios puntos de Egipto, y tras su victoria «esclavizó a los habitantes y arrojó una estatua de César».
[Figura 114]

egipcia. El clero egipcio mantenía vivos los cultos de los dioses tradicionales, kushitas y etíopes continuaban con sus incursiones, y mientras tanto, la población menos pudiente continuaba pendiente de las subidas del Nilo, que sobrevivían mayoritariamente gracias a una agricultura de subsistencia.

Junto a esta corriente continuista, nacieron nuevas formas de expresión sincréticas, como las pinturas y relieves de las catacumbas de Kom el-Shouqafa y los célebres retratos de El Fayum. Egipto siguió siendo uno de los centros del saber del Mediterráneo, donde se formaron personajes de gran repercusión filosófica y artística como Nono de Panópolis o Hipatia de Alejandría. La incorporación de Egipto al Imperio romano supuso la expansión de la cultura y religión egipcia, y durante el Alto Imperio Romano encontramos templos dedicados a Isis y Serapis en zonas tan alejadas de Egipto como Baelo Claudia (Cádiz, España) o Eboracum (York, Inglaterra). La fascinación de Roma por Egipto se manifestó en nuevas formas de emulación. El romano Cayo Cestio construyó su tumba en Roma a imitación de las pirámides egipcias, y emperadores como Calígula o Teodosio I emprendieron la compleja tarea de adornar las capitales del Imperio (Roma y Constantinopla) con obeliscos egipcios. Aún más fascinante por su carácter íntimo es la villa que el emperador Adriano mandó construir en Tívoli, que se diseñó teniendo en cuenta el gusto helenístico y egipcio del emperador. Por lo tanto, el Egipto romano fue solo otro paso de la evolución de la cultura egipcia, modificada primero por el contacto con el mundo griego y luego por el romano, pero en absoluto desaparecida.

La fuerza que realmente consiguió acabar con la cultura del Egipto faraónico fue el cristianismo, y el auténtico hito que sella el fin del antiguo Egipto es el fin del sistema de escritura jeroglífica. El cristianismo llegó a Egipto con mucha fuerza, y a pesar de que figuras tan importantes para la cristiandad como Clemente de Alejandría y Orígenes (ambos padres de la Iglesia) o los ascetas Antonio y Pacomio, que nacieron o vivieron en Egipto; las peculiaridades del cristianismo egipcio provocaron la separación temprana de la Iglesia copta

Pirámide Cestia o Pirámide de Cayo Cestio.
Cayo Cestio fue un magistrado romano que construyó su tumba
de forma piramidal durante el Gobierno de Augusto. Hoy en día,
la pirámide se encuentra junto a la Porta San Paolo y forma parte
de la muralla aureliana, construida más de tres siglos después.
[Figura 115]

(egipcia) de la romana. El último emperador romano
que graba su nombre en un cartucho y en jeroglífico
es el gentil Decio (249-251 a. C.), en el año 250 en el
templo de Khnum en Esna. En el 384 el emperador cristiano Teodosio (379- 392) prohibió los cultos paganos y
decretó el cierre de sus templos.

Lo que los emperadores gentiles habían permitido,
fue prohibido por los emperadores cristianos y solo el
templo de Isis en Filae logró eludir la prohibición. Allí
se refugiaron los últimos sacerdotes egipcios, los últimos
que sabían leer y escribir en jeroglífico, contenedores de
la memoria de una cultura varias veces milenaria, fósiles
vivientes de una religión ya extinta, quijotes contra el

Cruz cristiana grabada en una de las columnas de templo de
Filae, donde se refugiaron los últimos sacerdotes de la religión del
antiguo Egipto
[Figura 116]

imparable avance de la historia. Uno de estos sacerdotes fue Nesmet-Ajom, quien tiene el dudoso honor de
certificar la muerte de la cultura egipcia. El 24 de agosto
del año 394, Nesmet-Ajom grabó la última inscripción
jeroglífica conocida: «Ante el dios Mandulis hijo de
Horus, de parte de Nesmet-Ajom hijo de Nesmet,
segundo sacerdote de Isis, para siempre eternamente.
Palabras dichas por Mandulis, señor del Abaton, el
dios grande».

307

Pocos años después, en el 452, se inscribía en las paredes del mismo templo la última inscripción demótica. La lenta agonía de la cultura egipcia finalizó definitivamente cuando el emperador Justiniano (527-565) decidió cerrar también este templo.

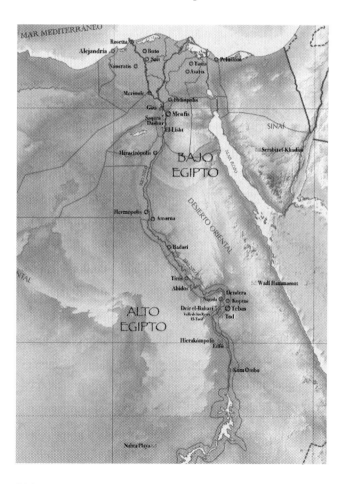

Anexos

LISTA DE REYES Y DINASTÍAS DEL ANTIGUO EGIPTO

Predinástico 5300-3000 a. C.

Bajo Egipto
- Neolítico (5300-4000 a. C.)
- Maadi (4000-3200 a. C.)

Alto Egipto
- Badariense (4400-4000 a. C.)
- Nagada I (4000-3500 a. C.)
- Nagada II (3500-3200 a. C.)
- Nagada III/Dinastía 0 (3200-3000 a. C.)

Dinástico temprano 3000-2686 a. C.

I dinastía 3000-2890 a. C.

- Aha
- Djer
- Djet
- Djet
- Den
- Reina Merneith
- Andyib
- Semerkhet
- Qaa

II dinastía 2890-2686 a. C.

- Hetepsekhemwy
- Raneb
- Neynetjer
- Uneg
- Sened
- Peribsen
- Khasekhemuy

Reino Antiguo 2686-2125 a. C.

III dinastía 2686-2613 a. C.

- Nebka (2686-2667 a. C.)
- Djoser (2667-2648 a. C.)
- Sekhemkhet (2648-2640 a. C.)
- Khaba (2640-2637 a. C.)
- Sanakht?
- Huni (2637-2613 a. C.)

IV dinastía (2613-2494 a. C.)

- Esnefru (2613-2589 a. C.)
- Keops (2589-2566 a. C.)

- Dydefra (2566-2558 a. C.)
- Kefrén (2558-2532 a. C.)
- Micerinos (2532-2503 a. C.)
- Shepseskaf (2503-2498 a. C.)

V dinastía 2494-2345 a. C.

- Userkaf (2494-2487 a. C.)
- Sahura (2487-2475 a. C.)
- Neferirkara (2475-2455 a. C.)
- Shepseskara (2455-2448 a. C.)
- Raneferef (2448-2445 a. C.)
- Niuserra (2445-2421 a. C.)
- Menkauhor (2421-2414 a. C.)
- Djedkara (2414-2375 a. C.)
- Unas (2375-2345 a. C.)

VI dinastía 2345-2181 a. C.

- Teti (2345-2323 a. C.)
- Userkara (2323-2321 a. C.)
- Pepi I (2321-2287 a. C.)
- Merenra I (2287-2278 a. C.)
- Pepi II (2278-2184 a. C.)
- Merenra II (2184-2182 a. C.)
- Nitiqret (2182-2181 a. C.)

VII y VIII dinastía 2181-2160 a. C.

- Numerosos reyes llamados Neferkara

I Período intermedio 2160-2055 a. C.

IX-X dinastías (Heracleópolis) 2160-2055 a. C.

- Khety I
- Khety II
- Khety III

XI dinastía (Tebas) 2055-1985 a. C.

- Mentuhotep I
- Intef I (2125-2112 a. C.)
- Intef II (2112-2063 a. C.)
- Intef III (2063-2055 a. C.)

Reino medio 2055-1650 a. C.

XI dinastía (todo Egipto) 2055-1985 a. C.

- Mentuhotep II (2055-2004 a. C.)
- Mentuhotep III (2004-1992 a. C.)
- Mentuhotep IV (1992-1985 a. C.)

XII dinastía   1985-1773 a. C.

- Amenemhat I (1985-1956 a. C.)
- Sesostris I (1956-1911 a. C.)
- Amenemhat II (1911-1877 a. C.)
- Sesostris II (1877-1870 a. C.)
- Sesostris III (1870-1831 a. C.)
- Amenemhat III (1831-1786 a. C.)
- Amenemhat IV (1786-1777 a. C.)
- Reina Sobekneferu (1777-1773 a. C.)

XIII dinastía 1773-1650 a. C.

- Ugaf
- Sobekhotep II
- Ikhernofret
- Ameny-intef-amenemhat
- Hor
- Khendjer
- Sobekhotep III
- Neferhotep I
- Sithator
- Sobekhotep IV

- Sobekhotep V
- Ay

XIV dinastía 1773-1650 a. C.
- Soberanos contemporáneos de la XIII o XV dinastía

II Período intermedio 1650-1550 a. C.

XV dinastía (Hicsos) 1650-1550 a. C.
- Salitis
- Khyan
- Apofis I
- Khamudi

XVI dinastía 1650-1580 a. C.
- Primeros soberanos tebanos, contemporáneos de la XV dinastía

XVII dinastía 1580-1550 a. C.
- Rahotep
- Sobekmsaf I
- Intef VI
- Intef VII
- Intef VIII
- Sobekemsaf II
- Siamón (?)
- Sequenenra Taa (ca. 1560 a. C.)
- Kamose (1555-1550 a. C.)

Reino nuevo 1550-1069 a. C.

XVIII dinastía   1550-1295 a. C.)
- Ahmose (1550-1525 a. C.)

- Amenhotep (I 1525-1504 a. C.)
- Tutmosis I (1504-1492 a. C.)
- Tutmosis II (1492-1479 a. C.)
- Reina Hatshepsut (1473-1458 a. C.)
- Tutmosis III (corregencia) (1479-1458 a. C.)
-          (en solitario) (1458-1425 a. C.)
- Amenhotep II (1427-1400 a. C.)
- Tutmosis IV (1400-1390 a. C.)
- Amenhotep III (1390-1352 a. C.)
- Amenhotep IV/Akhenatón
  (1352-1336 a. C.
- Esmenkhara (1338-1336 a. C.)
- Tutankhamón (1336-1327 a. C.)
- Ay (1327-1323 a. C.)
- Horemheb (1323-1295 a. C.)

XIX dinastía   1295-1186 a. C.

- Ramsés I (1295-1294 a. C.)
- Seti I (1294-1279 a. C.)
- Ramsés II (1279-1213 a. C.)
- Merenptah (1213-1203 a. C.)
- Amenmeses (1203-1200 a. C.)
- Seti II (1200-1194 a. C.)
- Siptah (1194-1188 a. C.)
- Reina Tausret (1188-1186 a. C.)

XX dinastía   1186-1069 a. C.

- Sethnakht (1186-1184 a. C.)
- Ramsés III (1184-1153 a. C.)
- Ramsés IV (1153-1147 a. C.)
- Ramsés V (1147-1143 a. C.)
- Ramsés VI (1143-1136 a. C.)
- Ramsés VII (1136-1129 a. C.)
- Ramsés VIII (1129-1126 a. C.)

- Ramsés IX (1126-1108 a. C.)
- Ramsés X (1108-1099 a. C.)
- Ramsés XI (1099-1069 a. C.)

III Período intermedio 1069-664 a. C.

XXI dinastía   1069-945 a. C.

- Esmendes (1069-1043 a. C.)
- Amenemnisu (1043-1039 a. C.)
- Psusennes I (1039-991 a. C.)
- Amenemope (993-984 a. C.)
- Osorkón (984-978 a. C.)
- Siamón (978-959 a. C.)
- Psusennes II (959-945 a. C.)

XXII dinastía   945-715 a. C.

- Shesonquis I (945-924 a. C.)
- Osorkón I (924-889 a. C.)
- Sesonquis II (ca. 880 a. C.)
- Takelot I (889-874 a. C.)
- Osorkón II (874-850 a. C.)
- Takelot II (850-825 a. C.)
- Sesonquis III 825-773 a. C.)
- Pimay (773-767 a. C.)
- Sesonquis V (767-730 a. C.)
- Osorkón IV (730-715 a. C.)

XXIII dinastía   818-715 a. C.

- Varios reyes, contemporáneos al final de la XXII dinastía

XXIV - XXV dinastía
Dinastías mal conocidas que incluyen a:
- Pedubastis I
- Iuput I

- Sesonquis IV
- Osorkón III
- Takelot III
- Rudamón
- Peftjauauibast
- Iuput II

XXIV dinastía   727-715 a. C.

- Tefnajt (727-720 a. C.)
- Bakenrenef (720-715 a. C.)

XXV dinastía   747-656 a. C.

- Pianji (747-716 a. C.)
- Shabaka (716-702 a. C.)
- Shabitko (702-690 a. C.)
- Taharqa (690-664 a. C.)
- Tantamani (664-656 a. C.)

Baja época 664-332 a. C.

XXVI dinastía   664-525 a. C.

- Necao I (672-664 a. C.)
- Psamético I (664-610 a. C.)
- Necao II (610-595 a. C.)
- Psamético II (595-589 a. C.)
- Apries (589-570 a. C.)
- Amosis II (570-526 a. C.)
- Psamético III (526-525 a. C.)

XXVII dinastía (Primer Período Persa) 525-404 a. C.

- Cambises II (525-522 a. C.)
- Darío I (522-486 a. C.)
- Jerjes I (486-465 a. C.)
- Artajerjes I (465-424 a. C.)

- Jerjes II (424 a. C.)
- Darío II (424-405 a. C.)
- Artajerjes II (405-359 a. C.)

XXVIII dinastía 404-399 a. C.
- Amirteo (404-399 a. C.)

XXIX dinastía   399-380 a. C.
- Neferites I (399-393 a. C.)
- Hacoris (393-380 a. C.)
- Neferites II (ca. 380 a. C.)

XXX dinastía   380-343 a. C.
- Nectanebo I (380-362 a. C.)
- Teo Irmatenre (362-360 a. C.)
- Nectanebo II (360-343 a. C.)

XXXI dinastía (Segundo Período Persa) 343-332 a. C.
- Artajerjes III (343-338 a. C.)
- Arses (338-336 a. C.)
- Darío III (336-332 a. C.)

Período griego 332-30 a. C.

Dinastía macedonia 332-305 a. C.
- Alejandro Magno (332-323 a. C.)
- Filipo Arrideo (323-317 a. C.
- Alejandro IV (323-309 a. C.

Dinastía ptolemaica 305-30 a. C.
- Ptolomeo I Sóter I (305-285 a. C.
- Ptolomeo II Filadelfo (285-246 a. C.)
- Ptolomeo III Evergetes I (246-221 a. C.)
- Ptolomeo IV Filópator (221-205 a. C.)

- Ptolomeo V Epífanes (205-180 a. C.)
- Ptolomeo VI Filométor (180-145 a. C.)
- Ptolomeo VII Neo Filopátor (145 a. C.)
- Ptolomeo VIII Evergetes II (170-163 a. C.) (145-116 a. C.)
- Ptolomeo IX Sóter II (116-107 a. C.)
- Ptolomeo X Alejandro I (107-88 a. C.)
- Ptolomeo IX Soter II (segundo período) (88-80 a. C.)
- Ptolomeo XI Alejandro II (80 a. C.)
- Ptolomeo XII Neo Dionisio (Auletes) (80-51 a. C.)
- Cleopatra VII Filópator 51-30 a. C.
- Ptolomeo XIII Dioniso II 51-47 a. C.
- Ptolomeo XIV Filopátor 47-44 a. C.
- Ptolomeo XV Cesarión 44-30 a. C.

Egipto romano 30 a. C.-395 d. C.

Imperio bizantino 395-619

Imperio sasánida 619-629

Imperio bizantino 629-638

Califato 639

Bibliografía

ALEGRE GARCÍA, S. *Arte en el antiguo Egipto. Claves para su interpretación.* Cuenca: Aldebarán, 2013.

ARNOLD, D. (ed.). *The royal women of Amarna. Images of the beauty from Ancient Egypt.* Nueva York: The Metropolitan Museum of Art, 1996.

ARROYO DE LA FUENTE, M.ª A. «Evolución iconográfica y significado del dios Bes en los templos ptolemaicos». En: *Espacio, Tiempo y Forma, Serie II, Historia Antigua,* 2006-2007; t. 19-20: 13-40.

BARD, K. A. *Introduction to the Archaeology of Ancient Egypt.* Oxford: Blackwell, 2007.

BOSWORTH, A. B. *Alejandro Magno.* Madrid: Akal, 2005.

Castel, E. *Gran diccionario de mitología egipcia.* Madrid: Aldebarán, 2001.

Collier, M. y Manley, B. *Introducción a los jeroglíficos egipcios* vol. 316. Madrid: Alianza Editorial, 2007.

Dreyer, G. *«Tomb U-j-: A Royal Burial of Dynasty 0 at Abydos».* En Teeter, E. (ed.): Before the Pyramids: The Origins of Egyptian Civilization. Chicago: The University of Chicago, 2011: 127-136.

Edwards, I. E. S. *Las pirámides de Egipto.* Barcelona: Crítica, 2011.

Elvira Barba, M. A. *Manual de arte griego. Obras y artistas de la antigua Grecia.* Madrid: Sílex, 2013.

Hamma, K. (ed.). *Alexandria and Alexandrianism.* Malibú: The J. Paul Getty Museum, 1996.

James, T. G. H. *El pueblo egipcio. Vida cotidiana en el antiguo Egipto.* Barcelona: Crítica, 2004.

Karageorghis, V. *Chipre. Encrucijada del Mediterráneo oriental. 1600-500 a. C.* Barcelona: Bellaterra, 2004.

Moreno García, J. C. *Egipto en el Imperio Antiguo [2650-2150 antes de Cristo].* Barcelona: Bellaterra, 2004.

Padró, J. *Historia del Egipto faraónico.* Madrid: Alianza, 1996.

Parra Ortiz, J. M. *Momias. La derrota de la muerte en el Antiguo Egipto.* Barcelona: Crítica, 2015.

Pérez Lagarcha, A. «The Nile Delta during Nagada III - I Dynasty». En: *Atti VI Congresso Internazionale di Egittologia*, 1992; Torino: 489-495.

—, «El Mediterráneo Oriental ante la llegada de los Pueblos del Mar». En: *Gerión*, 2003; n.º 1: 27-49.

—, «Identidad y orden en la formación del Estado egipcio». En: *Novos trabalhos de Egiptología Ibérica*, 2014; Lisboa: 935-946.

—, «Algunas reflexiones sobre Gilf Kebir, el desierto occidental y los orígenes de la cultura egipcia». En: *Boletín de la Asociación Española de Egiptología*, 2015; n.º 24: 89-110.

Quirke, S. *La religion del antiguo Egipto: La adoración al sol en el antiguo Egipto*. Madrid: Oberon, 2004.

Roehrig, C. H. (ed.). *Hatshepsut. From queen to pharaoh*. Nueva York: The Metropolitan Museum of Art, 2005.

Samósata, L. (ed. J. Botella Zaragoza). *La asamblea de los dioses*. Alianza editorial, 1997.

Shafer, B. E. (ed.). *Temples of Ancient Egypt*. Londres: I. B. Tauris, 2005.

Shaw, I. (ed.). *Historia del antiguo Egipto*. Madrid: La Esfera de los Libros, 2007.

Tyldesley, J. A. Mitos y leyendas del antiguo Egipto. Barcelona: Crítica, 2011.

Urruela Quesada, J. J. *Egipto faraónico. Política, economía y sociedad*. Barcelona: Bellaterra, 2004.

VV. AA. *El fin del antiguo Egipto*. Madrid: National Geographic Society, 2013.

VV. AA. *El Imperio egipcio*. Madrid: National Geographic Society, 2013.

—, *Los primeros faraones*. Madrid: National Geographic Society, 2013.

Textos y fuentes

Campagno, M. «Parentesco y Estado en los conflictos entre Horus y Seth». En: *Reconstruyendo el Pasado Remoto. Estudios sobre el Próximo Oriente Antiguo en homenaje a Jorge R. Silva Castillo*, 2009: 34. (https://discoverarchive.*vanderbilt*.edu/bitstream/handle/1803/3940/The%20Trouble%20with%20Nur_Sin.pdf;sequence=3)

Faulkner, R. O., *The Ancient Egyptian coffin texts*. Volume III Spells 788-1185 & Indexes. Warminster, Aris & Philips, 1978.

Frood, E. *Biographical Texts from Ramessid Egypt*. Atlanta: Society of Biblical Literature, 2007.

Henry Breasted, J. (ed.) Ancient records of Egypt. *Volume I. The first to the seventeenth dynasties*. Chicago: The University of Chicago Press, 1906.

—, *Ancient records of Egypt. Volume II. The eighteenth dynasty*. Chicago: The University of Chicago Press, 1906.

—, *Ancient records of Egypt. Volume III. The nineteenth dynasty.* Chicago: The University of Chicago Press, 1906.

—, *Ancient records of Egypt. Volume IV. The twentieth to the twenty-sixth dynasties.* Chicago: The University of Chicago Press, 1906.

HERÓDOTO (ed. Schrader, C.). *Historia, Libro II Euterpe.* Madrid: Biblioteca Clásica Gredos, 1992.

LARA PEINADO, F. (ed.). *Textos para la historia del Próximo Oriente Antiguo.* Madrid: Cátedra, 2011.

—, (ed.). *Libro de los muertos.* Madrid: Tecnos, 2009.

LICHTHEIM, M. (ed.). *Ancient Egyptian Literature. Volume I: The Old and Middle Kingdoms.* Londres: University of California Press, 1973.

—, *Ancient Egyptian Literature. Volume II: The New Kingdom.* Londres: University of California Press, 1976.

—, *Ancient Egyptian Literature. Volume III: The Late Period.* Londres: University of California Press, 1980.

MARTÍN NIETO, E. (ed.). *La Santa Biblia.* Madrid: San Pablo, 1989.

NÉRET, G. *Description de l'Egypte.* Köln: Taschen, 2002.

SERRANO DELGADO, J. M. *Textos para la historia antigua de Egipto.* Madrid: Cátedra, 1993.

Páginas y recursos web

Amarnaproject
http://www.amarnaproject.com/index.shtml

Amigos de la Egiptología
http://egiptologia.com/

Digital Egypt for Universities
http://www.ucl.ac.uk/museums-static/digitale-gypt/Welcome.html

Egiptología 2.0
http://egiptologia20.es/

Heracleópolis Magna. Proyecto de Investigación en Ehnasya el Medina-Egipto
http://heracleopolismagna.com/

Hierakonpolis. City of the Hawk
http://www.hierakonpolis-online.org/

Metropolitan Museum
https://www.metmuseum.org/art/metpublications/online-publications

Museum of Fine Arts Boston
http://www.gizapyramids.org/

Índice de imágenes

[Figura 28] Las pirámides representadas como los graneros de la historia bíblica de José en la catedral de San Marcos en Venecia. Pág. 92.

[Figura 29] Las tres pirámides reales de la meseta de Giza. Pág. 93.

[Figura 30] Estructura interna de la pirámide de Keops, dibujada por Étienne Drioton en 1939. Pág. 94.

[Figura 31] Escultura de Hemiunu. Pág. 95.

[Figura 32] Tríada de Micerinos. Pág. 98.

[Figura 33] Cámara funeraria de Unis. Pág. 100.

[Figura 34] Templo de Niuserra. Pág. 102.

[Figura 35] Estatuilla de alabastro de la reina Ankhesenmeryra II y su hijo Pepi II. Pág. 105.

[Figura 36] Representación de Ankhtifi en su tumba en El-Moalla. Pág. 109.

[Figura 37] Representación de Osiris en la tumba de Nefertari. Pág. 111.

[Figura 38] Relieve de Seth en el recinto de la pirámide de Sahura. Pág. 114.

[Figura 39] *Corn mummy* de Osiris. Pág. 116.

[Figura 40] Relieve procedente de la necrópolis de Saqqara (IX - X dinastía). Pág. 117.

[Figura 41] Estela funeraria del rey Intef II. Pág. 118.

[Figura 42] Colección de diferentes tipos de *ushbeti*. Pág. 120.

[Figura 43] Escultura de Mentuhotep II con el hábito ceremonial del *heb-sed* o jubileo real. Pág. 125.

[Figura 44] Reconstrucción del templo de Mentuhotep II (basada en D. Arnold). Pág. 126.

LE INVITAMOS A LEER OTRAS OBRAS:
PUEDE ESCANEAR LOS CÓDIGOS QR
CON SU *SMARTPHONE* O TABLETA
PARA LEER UN FRAGMENTO GRATUITO.

Breve historia de la vida
cotidiana del antiguo
Egipto

Breve historia de
Cleopatra

Breve historia de las
batallas navales de la
Antigüedad

Breve historia
de los persas

Breve historia
de Alejandro Magno

Breve historia

del arte

https://www.facebook.com/editorialnowtilus/
https://twitter.com/Nowtilus
https://www.facebook.com/brevehistoria/
https://twitter.com/mibrevehistoria

2